学校と社会をつなぐ!

これからの人づくり・学校づくり・地域づくり

著　藤原文雄・生重幸恵・竹原和泉
谷口史子・森万喜子・四柳千夏子

目　次

似顔絵　後藤美穂

プロローグ

学校と社会をつなぐ「チェンジメーカー」たち

藤原 文雄

本書は、「空気を読まない」「出る杭」として知られ、「あきらめの悪い」「変な」人と思われつつ、「立ち止まらない」で挑戦を続け、時には「振り向いたら誰もいなかった」ことがあっても、「恨みごとを言わない」「メソメソしない」5人の女性による、学校と社会をつなげようとした「奮闘」と、これからの「覚悟」を語り合った本です。

この5人の女性たちは**「日本一○○な女子会」という奇妙な女子会**を結成しています。冒頭の「空気を読まない」「出る杭」などの言葉は、「○○」の部分に何が入るか、5人が出したアイデアの数々です。こうした言葉から、なんとなく5人が「フツーの人」とは違う何かを持っていることにお気付きのことでしょう。20~21ページに、私が5人の実績や人となりを紹介させていただいていますので、ぜひご覧になってください。

5人は、児童生徒がいつかは学校を離れ、地域社会の一員として自立して生きるということを原点として、仲間と共に、何度もくじけそうになりつつも、あきらめずに、**学校と社会をつなぐことに取り組んできた「チェンジメーカー」**たちです。学校や地域というしがらみの強い世界で、**しがらみに負けず変革に取り組んできた「勇者」**たちなのです。

5人の女性たちがいち早く感じてきた、学校や社会の現状に対する危機感、学校や社会についてのビジョンやそれを実現するために切り拓いてきた仕組みなどは、教育政策において今では当たり前のこととして語られるようになりました。それは、5人の女性たちが中央教育審議会等の委員として、自らの実践に基づく提言を積極的に行ってきた成果でもあります。

「学校と社会をつなぐ」政策の背景

座談会に入る前に、なぜ「学校と社会をつなぐ」という政策が進められてきたのかについて説明します。そのことによって、5人の女性たちが目指してきた世界が理解できると考えられるからです。

学校と社会をつなぐことの意義や実現に向けた仕組みを提案した画期的

な答申として、2015年の中央教育審議会「❶新しい時代の教育や地方創生の実現に向けた学校と地域の連携・協働の在り方と今後の推進方策について（答申）」（以下、「連携・協働答申」という）が挙げられます。「連携・協働答申」のポイントは**図1-1**、**図1-2**の通りです。

一般的に答申は、「なぜ当該テーマを検討する必要があるのか（背景）」→「目指すべき姿はどのようなものか（ビジョン）」→「そのために取り入れるべき制度や予算措置などはどのようなものか（処方箋）」といった流れで構成されています（❷藤原、2018）。「連携・協働答申」のポイントを示した**図1-1**と**図1-2**をさらに整理すれば、9ページの**図2**に示す通り、同じ流れで構成されています。

「連携・協働答申」が捉えた「背景」

「連携・協働答申」は、学校と地域の連携・協働を検討する背景として、(1)これからの厳しい時代を生き抜く力の育成、(2)地域から信頼される学校づくり、(3)地域における社会的な教育基盤の構築の3つの観点に言及して

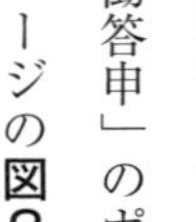
藤原

❶新しい時代の教育や地方創生の実現に向けた学校と地域の連携・協働の在り方と今後の推進方策について（答申）

❷藤原文雄『スクールリーダーのための教育政策入門――知っておきたい教育政策の潮流と基礎知識――』学事出版、2018年。

新しい時代の教育や地方創生の実現に向けた
学校と地域の連携・協働の在り方と今後の推進方策について
（答申のポイント）

（平成27年12月21日中央教育審議会答申）

第1章　時代の変化に伴う学校と地域の在り方

〈教育改革、地方創生等の動向から見る学校と地域の連携・協働の必要性〉

◆地域社会のつながりや支え合いの希薄化等による地域の教育力の低下や、家庭教育の充実の必要性が指摘。また、学校が抱える課題は複雑化・困難化。

◆「社会に開かれた教育課程」を柱とする学習指導要領の改訂や、チームとしての学校、教員の資質能力の向上等、昨今の学校教育を巡る改革の方向性や地方創生の動向において、学校と地域の連携・協働の重要性が指摘されている。

◆これからの厳しい時代を生き抜く力の育成、地域から信頼される学校づくり、社会的な教育基盤の構築等の観点から、学校と地域はパートナーとして相互に連携・協働していく必要があり、そのことを通じ、社会総掛かりでの教育の実現を図る必要。

〈これからの学校と地域の目指すべき連携・協働の姿〉

地域とともにある学校への転換	子供も大人も学び合い育ち合う教育体制の構築	学校を核とした地域づくりの推進
■開かれた学校から一歩踏み出し、地域の　人々と目標やビジョンを共有し、地域と一体となって子供たちを育む「地域とともにある学校」に転換。	■地域の様々な機関や団体等がネットワーク化を図りながら、学校、家庭及び地域が相互に協力し、地域全体で学びを展開していく「子供も大人も学び合い育ち合う教育体制」を一体的・総合的な体制として構築。	■学校を核とした協働の取組を通じて、地域の将来を担う人材を育成し、自立した地域社会の基盤の構築を図る「学校を核とした地域づくり」を推進。

第2章　これからのコミュニティ・スクールの在り方と総合的な推進方策

〈これからのコミュニティ・スクールの仕組みの在り方〉

（コミュニティ・スクールの仕組みとしての学校運営協議会制度の基本的方向性）

◆学校運営協議会の目的として、**学校を応援し、地域の実情を踏まえた特色ある学校づくりを進めていく役割**を明確化する必要。

◆**現行の学校運営協議会の機能**（校長の定める学校運営の基本方針の承認、学校運営に関する意見、教職員の任用に関する意見）**は引き続き備える**こととした上で、**教職員の任用に関する意見に関しては、柔軟な運用を確保する仕組み**を検討。

◆学校運営協議会において、**学校支援に関する総合的な企画・立案を行い、学校と地域住民等との連携・協力を促進していく仕組み**とする必要。

◆校長のリーダーシップの発揮の観点から、**学校運営協議会の委員の任命において、校長の意見を反映する仕組み**とする必要。

◆小中一貫教育など学校間の教育の円滑な接続に資するため、**複数校について一つの学校運営協議会を設置できる仕組み**とする必要。

（制度的位置付けに関する検討）

◆学校が抱える複雑化・困難化した課題を解決し子供たちの生きる力を育むためには、地域住民や保護者等の参画を得た学校運営が求められており、コミュニティ・スクールの仕組みの導入により、**地域との連携・協働体制が組織的・継続的に確立**される。

◆このため、**全ての公立学校がコミュニティ・スクールを目指すべき**であり、学校運営協議会の制度的位置付けの見直しも含めた方策が必要。その際、基本的には学校又は教育委員会の自発的な意志による設置が望ましいこと等を勘案しつつ、**教育委員会が、積極的にコミュニティ・スクールの推進に努めていくよう制度的位置付け**を検討。

図1-1　中央教育審議会「新しい時代の教育や地方創生の実現に向けた学校と地域の連携・協働の在り方と今後の推進方策について」（1ページ目）

〈コミュニティ・スクールの総合的な推進方策〉

◆国として、コミュニティ・スクールの一層の推進を図るため、**財政的支援を含めた条件整備や質の向上を図るための方策を総合的に講じる必要**。

○様々な類似の仕組みを取り込んだコミュニティ・スクールの裾野の拡大
○学校の組織としての総合的なマネジメント力の強化
○学校運営協議会の委員となる人材の確保と資質の向上
○地域住民や保護者等の多様な主体の参画の促進
○コミュニティ・スクールの導入に伴う体制面・財政面の支援等の充実
○幅広い普及・啓発の推進

◆**都道府県教育委員会**：都道府県としてのビジョンと推進目標の明確化、知事部局との連携・協働、全県的な推進体制の構築、教職員等の研修機会・内容の充実、都道府県立学校におけるコミュニティ・スクールの推進など

◆**市町村教育委員会**：市町村としてのビジョンと推進目標の明確化、首長部局との連携・協働、未指定の学校における導入等の推進など

第3章　地域の教育力の充実と地域における学校との協働体制の在り方

〈地域における学校との協働体制の今後の方向性〉

「支援」から「連携・協働」、「個別の活動」から「総合化・ネットワーク化」へ

◆地域と学校がパートナーとして、**共に子供を育て、共に地域を創る**という理念に立ち、**地域の教育力を向上し、持続可能な地域社会をつくる**ことが必要。
◆地域と学校が**連携・協働**して、**地域全体で未来を担う子供たちの成長を支えていく活動を「地域学校協働活動」として積極的に推進**することが必要。
◆従来の学校支援地域本部、放課後子供教室等の活動をベースに、「支援」から**「連携・協働」**、個別の活動から**「総合化・ネットワーク化」**を目指す。
新たな体制としての「地域学校協働本部」へ発展させていくことが必要。
◆地域学校協働本部には、①**コーディネート機能**、②**多様な活動**（より多くの地域住民の参画）、③**持続的な活動**の**3要素が必須**。

地域学校協働活動の全国的な推進に向けて、地域学校協働本部が、早期に、全小・中学校区をカバーして構築されることを目指す

◆都道府県・市町村において、それぞれの地域や学校の特色や実情を踏まえつつ、**地域学校協働活動を積極的に推進**。国はそれを総合的に支援。
◆地域住民や学校との連絡調整を行う**「地域コーディネーター」**及び複数のコーディネーターとの連絡調整等を行う**「統括的なコーディネーター」**の**配置や機能強化（持続可能な体制の整備、人材の育成・確保、質の向上等）が必要**。

〈地域学校協働活動の総合的な推進方策〉

◆**国**:全国的に質の高い地域学校協働活動が継続的に行われるよう、**制度面・財政面を含めた条件整備や質の向上に向けた方策の実施が必要**。

○地域学校協働活動推進のための体制整備の必要性及びコーディネーターの役割・資質等について明確化
○各都道府県・市町村における推進に対する財政面の支援
○都道府県、市町村、コーディネーター間の情報共有、ネットワーク化の支援 等

◆**都道府県教育委員会**：都道府県としてのビジョンの明確化・計画の策定、市町村における推進活動の支援、都道府県立学校に係る活動体制の推進 等

◆**市町村教育委員会**：市町村としてのビジョンの明確化・計画の策定、体制の整備、コーディネーターの配置、研修の充実 等

第4章　コミュニティ・スクールと地域学校協働本部の一体的・効果的な推進の在り方

◆コミュニティ・スクールと社会教育の体制としての地域学校協働本部が**相互に補完し高め合う存在として、両輪となって相乗効果を発揮していくことが必要**であり、当該学校や地域の置かれた実情、両者の有機的な接続の観点等を踏まえた体制の構築が重要。

図1-2　中央教育審議会「新しい時代の教育や地方創生の実現に向けた学校と地域の連携・協働の在り方と今後の推進方策について」（2ページ目）

います。

(1)これからの厳しい時代を生き抜く力の育成という観点とは、社会的・職業的に自立した人間として、自ら問いを立ててその解決を目指し、他者と協働しながら新たな価値を生み出す、**「持続可能な社会の創り手」「自分の人生の創り手」**としての資質・能力を子どもに育んでいくためには、**キャリア教育**など**子どもが社会とのつながりの中で学ぶ「社会に開かれた教育課程」の実現が必要**であり、学校と地域の連携・協働を一層進めるべきではないのかという観点です。

(2)地域から信頼される学校づくりという観点は、全ての子どもの健やかな成長のためには、地域に信頼される学校づくりを進め、地域住民や保護者等が学校運営に対する理解を深め、積極的に参画することを通じて、学校をより良いものにしていこうという当事者意識を高め、子どもの教育に対する責任を社会的に分担していくことが必要ではないのかという観点です。この観点は、❸学校における働き方改革の観点と重なるものです。

(3)地域における社会的な教育基盤の構築の観点は、地域社会を構成する一人一人が当事者としての役割と責任を自覚し、主体的・自主的に子ども

【背景】
(1)これからの厳しい時代を生き抜く力の育成、(2)地域から信頼される学校づくり、(3)地域における社会的な教育基盤の構築等の観点

→

【ビジョン】
社会総がかりの教育の実現による子どもたちの成長及び新たな地域社会の創造、生涯学習社会の実現　(1)地域とともにある学校への転換、(2)子どもも大人も学び合い育ち合う教育体制の構築、(3)学校を核とした地域づくりの推進実現

→

【処方箋】
(1)これからのコミュニティ･スクールの在り方と総合的な推進方策、(2)地域の教育力の充実と地域における学校との協働体制の在り方、(3)コミュニティ･スクールと地域学校協働本部の一体的･効果的な推進の在り方

図2　中央教育審議会「新しい時代の教育や地方創生の実現に向けた学校と地域の連携・協働の在り方と今後の推進方策について（答申）」の流れ

たちの学びに関わり、支えていく中で地域住民の学びを起点に地域の教育力を向上させるとともに、ふるさとに根付く子どもたちを育て、地域の振興・創生につなげるためにも社会的な教育の基盤を構築していく必要があり、社会教育の体制を整備し強化していくことが必要ではないのかという観点です。

「連携・協働答申」の打ち出した「ビジョン」

以上のような「背景」を踏まえ、「連携・協働答申」は、これからの学校と地域の連携・協働の姿として、⑴地域住民等と目標やビジョンを共有し、地域と一体となって子どもたちを育む「**地域とともにある学校**」への転換、⑵地域の様々な機関や団体等がネットワーク化を図りながら、学校、家庭及び地域が相互に協力し、地域全体で学びを展開していく「**子どもも大人も学び合い育ち合う教育体制**」の構築、⑶学校を核とした協働の取り組みを通じて地域の将来を担う人材を育成し、自立した地域社会の基盤の構築を図る「**学校を核とした地域づくり**」の推進という「ビジョン」を打

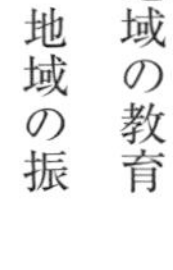
藤原

❸2019年1月25日に、中央教育審議会において「新しい時代の教育に向けた持続可能な学校指導・運営体制の構築のための学校における働き方改革に関する総合的な方策について（答申）」がとりまとめられました。同答申を踏まえ、「教師のこれまでの働き方を見直し、自らの授業を磨くとともに、その人間性や創造性を高め、子供たちに対して効果的な教育活動を行うことができるようにすることを目的」とした学校における働き方改革が進められています。学校、教師の役割の見直しなどを学校運営協議会で検討し、改善を図り、最終的には効果的な教育活動につなげることが期待されています。

ち出しています。

まず、(1)「地域とともにある学校」への転換について、「連携・協働答申」は、「学校は、地域社会の中でその役割を果たし、地域と共に発展していくことが重要であり、とりわけ、これからの公立学校は、『開かれた学校』からさらに一歩踏み出し、地域でどのような子供たちを育てるのか、何を実現していくのかという目標やビジョンを地域住民等と共有し、地域と一体となって子どもたちを育む『地域とともにある学校』へと転換していくことを目指して、取組を推進していくことが必要である」と述べ、「開かれた学校」から「地域とともにある学校」への転換を提起しました。「開かれた学校」から、一歩踏み出すというのは、学校は保護者や地域住民に説明責任を果たし、保護者や地域住民は学校を支援するといういわば**「説明責任・支援型」学校運営モデル**から、学校のビジョンについて合意し、その実現に向けて学校と保護者や地域住民がパートナーとして協働するいわば**「合意・地域学校協働型」学校運営モデル**へと転換することを意味しています。これは、大きな転換と言えるものです。

こうした「地域とともにある学校」への転換においては、まず、教職員や保護者、地域住民など大人同士が相互にリスペクトし、対等な立場で建設的に対話し、合意形成を図り、協働して実現していくプロセスや「場」が重要です。学校関係者評価が機能し、地域と連携・協働した学校づくりが進められることによって、子どもの学力向上に影響力を有する地域の絆（ソーシャルキャピタル）が強化されます（❹露口、2016）。この結果からも、関係者同士の建設的対話の重要性がうかがえます。

　こうしたことから、「連携・協働答申」に先立って2011年に「地域とともにある学校」というビジョンを提案した、文部科学省学校運営の改善の在り方等に関する調査研究協力者会議「子どもの豊かな学びを創造し、地域の絆をつなぐ～地域とともにある学校づくりの推進方策～（報告）」は、「地域とともにある学校」を「大人の学びの場」として提唱したのです。こうした新しい学校運営においては、学校教育の中核であるカリキュラムこそが、熟議し学び合うテーマとなるべきでしょう（❺熊谷、2021）。トップリーダーである校長には、社会の変化を踏まえた新しい学校づくりに向け、保護者、地域住民、教職員の問題解決能力を高め、彼らの主体的かつ協働的な問題解決行動を促すなど**リーダーシップ**を発揮

藤原

❹露口健司「学校評価は教育効果の向上に貢献しているのか」同編著『「つながり」を深め子どもの成長を促す教育学―信頼関係を築きやすい学校組織・施策とは―』ミネルヴァ書房、2016年、186-203ページ。

❺熊谷愼之輔「地域学校協働のマネジメントⅡ―RV・PDCAサイクルに即して―」熊谷愼之輔、志々田まなみ、佐々木保孝、天野かおり著『地域学校協働のデザインとマネジメント―コミュニティ・スクールと地域学校協働本部による学びあい・育ちあい―』学文社、2021年、92-114ページ。

するとともに、目標達成に向け適切に**マネジメント**を推進することが期待されます。

校内においては、教育資源の開発・活用に長けた「リソースマネジャー」である学校事務職員（❻藤原、２０２０）など教員とは違う専門性を生かした「❼チームとしての学校」を推進することが必要です。

次に、⑵「子どもも大人も学び合い育ち合う教育体制」の構築について、「連携・協働答申」は、「子供たちや学校の抱える様々な課題に対応していくためにも、また、子供たちの生命や安全を守っていくためにも、子供を軸に据え、様々な関係機関や団体等がネットワーク化を図り、子供たちを支える一体的・総合的な教育体制を構築していくことが重要である。学校と地域が連携・協働するだけでなく、子供の育ちを軸に据えながら、地域社会にある様々な機関や団体等がつながり、住民自らが学習し、地域における教育の当事者としての意識・行動を喚起していくことで、大人同士の絆が深まり、学びも一層深まっていく」というビジョンを提言しました。障害、外国籍、ＬＧＢＴ、英才児、貧困、ヤングケアラーをはじめ**特別な支援を必要とする子ども**などに対し、社会総がかりで必要な支援

❻藤原文雄『スクールビジネスリーダーシップ―教育的素養を有した「リソースマネジャー」としての学校事務職員―』学事出版、２０２０年。

❼２０１５年12月21日に、中央教育審議会において、「チームとしての学校の在り方と今後の改善方策について（答申）」がとりまとめられました。同答申では「チームとしての学校」を「校長のリーダーシップの下、カリキュラム、日々の教育活動、学校の資源が一体的にマネジメントされ、教職員や学校内の多様な人材が、それぞれの専門性を生かして能力を発揮し、子供たちに必要な資質・能力を確実に身に付けさせることができる学校」と定義しています。

を行うといった**公正な教育の実現**という観点でも、関係機関や団体等の**「ネットワーク化」**は大きな可能性を有しています。

最後に、⑶「学校を核とした地域づくり」の推進について、「連携・協働答申」は、「地方創生の観点からも、学校という場を核とした連携・協働の取組を通じて、子供たちに地域への愛着や誇りを育み、地域の将来を担う人材の育成を図るとともに、地域住民のつながりを深め、自立した地域社会の基盤の構築・活性化を図る」というビジョンを提言しました。例えば、学校における防災訓練や児童生徒の「❽地域活動」などは、世代を超えた地域住民のつながりを深める機会となります。こうした機会を通じて、成熟した地域が創られていくことは、子どもたちの豊かな成長にもつながります。こうしたことから、**「人づくりと地域づくりの好循環」**がビジョンとして示されたのです。これも、大きな転換と言えるでしょう。

「連携・協働答申」は、答申全体に流れている理念について「未来を創り出す子どもたちの成長のために、学校のみならず、地域住民や保護者等も含め、国民一人一人が教育の当事者となり、社会総掛かりでの教育の実現を図るということであり、そのことを通じ、新たな地域社会を創り出

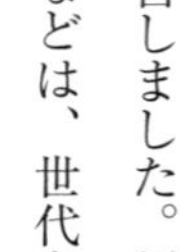

藤原

❽高校生の「地域活動」も広がっています。浦崎太郎「高校生の地域参画が「学校×生徒×地域」に相補性と相乗効果をもたらす」『地域人』２０１６年、32〜38ページは、高校生が地域活動を行うことによって「本気の大人と関わることで、生徒はあるべき自分に気づき、将来の展望がイメージできるのではないか。展望が見えれば、なぜ勉強しなければならないのかを理解できるはずだ」と述べています。

し、生涯学習社会の実現を果たしていくということである」と要約しています。**学校と地域の連携・協働を見直し、社会総掛かりでの教育の実現を図ることによって子どもたちの成長及び新たな地域社会の創造、生涯学習社会の実現を図る**ということが「連携・協働答申」のゴールイメージなのです。なお、近年の研究では、学校・家庭・地域の連携による社会総がかりの教育、地域とともにある学校づくりは子どもの学力向上に対して効果を持つことが確認されています（❾露口、２０２１）。

「連携・協働答申」の打ち出した「処方箋」

「ビジョン」を実現するためには、学校と地域の連携・協働を推進するための組織的・継続的な仕組みの導入が有効です。そこで、「連携・協働答申」は、以上のような「ビジョン」を実現するための「処方箋」として、(1)これからのコミュニティ・スクールの在り方と総合的な推進方策、(2)地域の教育力の充実と地域における学校との協働体制の在り方、(3)❿コミュニティ・スクールと地域学校協働本部の一体的・効果的な推進の在り方に

❾露口健司「子供の学力と幸福度を高める分散型リーダーシップ」露口健司・藤原文雄編著『子供の学力とウェルビーイングを高める教育長のリーダーシップ』学事出版、２０２１年、５９-９４ページ。

❿コミュニティ・スクールと地域学校協働本部の一体的・効果的な推進と言っても、情報共有・合意形成機関である学校運営協議会（コミュニティ・スクール）と地域（社会教育）側が主体となって運営する地域学校協働本部は別の仕組みであるという理解は不可欠です。学校運営協議会と地域学校協働本部との関係は地域・学校によって多様ですが、地域学校協働本部の主体性を尊重しないような運営を行えば、副校長・教頭など教職員の業務が肥大化し、地域の主体性を損なってしまうという危険性があります。

ついて提案しました。

まず、(1)これからのコミュニティ・スクールの在り方と総合的な推進方策について、「連携・協働答申」は全ての公立学校がコミュニティ・スクールを目指すよう、また、コミュニティ・スクールにおいてガバナンス（地域住民等による学校の意思決定への参画）機能に加え、学校支援機能を重視した取り組みが行われるよう制度改正を提案しました。

次に、(2)地域の教育力の充実と地域における学校との協働体制の在り方について、「連携・協働答申」は、「学校支援活動、放課後や土曜日の学習支援、家庭教育支援及び学びによるまちづくり等の地域活動等により、地域と学校が協働して、未来を担う子どもたちの成長を支えるとともに、持続可能な社会を創っていく取組」である**「地域学校協働活動」**という新しい概念を提起しました。さらに、そのための地域住民等のネットワークとして**「地域学校協働本部」**を整備することを提言しました。加えて、地域学校協働活動に関わる学校側の窓口として**地域連携担当教職員**を、地域側の窓口として「地域学校協働本部」に**地域コーディネーター**を置くことを提案しました。

最後に、⑶コミュニティ・スクールと地域学校協働本部の一体的・効果的な推進の在り方について、「連携・協働答申」は、地域とともにある学校に転換するための仕組みとしてのコミュニティ・スクールと社会教育の体制としての地域学校協働本部が円滑に連結し、両者の機能を一体的・効果的に高めるための方策としては、それぞれの活動の企画等の段階から、双方の運営方針や計画等を共有したり、互いの取り組みの充実を目指し、重複を避けるための提案をしたりするなど、普段からしっかりと関係者間でコミュニケーションや情報共有を行う工夫とともに、地域学校協働本部において中核となる地域コーディネーターあるいは統括的なコーディネーターが、学校運営協議会の委員として地域における学校支援や学校運営に関する協議に参画したり、学校運営協議会の委員が、地域学校協働本部における企画調整に携わったりするなど、人的配置の工夫を提案しました。

その後、「連携・協働答申」を踏まえ、**学校運営協議会の設置の努力義務化**や、**協議事項への学校の運営に必要な支援の追加**などを内容とする、「地方教育行政の組織及び運営に関する法律」の改正が行われ、2017年度から施行されました。また、同法改正に合わせて、学校と地域がパートナーとして放課後などの学習機会の提供、児童生徒に対してボランティア活動の機会の提供、社会教育における学習の機会を利用して行う教育活動といった「地域学校協働活動」（社会教育法第５条２項）の地域側のコーディネーターである**地域学校協働活動推進員**（社会教育法第９条の７）が制度化され、学校運営協議会に参画することが期待されることとなりました。今回の法改正によって、それまでの「開かれた学校」からさらに一歩踏み出し、地域住民の熟議、学び合いを通じて、合意されたビジョンを地域住民等と共有し、地域と一体となって子どもたちを育み、地域を活性化する「地域とともにある学校」「学校を核とした地域づくり」への転換が進められることとなったのです。

しかし、「地域とともにある学校」「学校を核とした地域づくり」には検討すべき課題も残されています。子どもたちに「持続可能な社会の創り手」「自分の人生の創り手」としての成長を期待するならば、また、何よりも**教育の一番の当事者は子どもたちであり、現在も地域住民の一人である**ことを踏まえれば、子どもたちをこれまで以上に「地域とともにある学校」「学校を核とした地域づくり」に当事者として参画できるよう改善が必要ではないでしょうか。**「社会総がかりの教育」を実現する上では、**⓫**大人同士の関係の見直しとともに、大人と子どもたちとの関係性の見直しが不可欠**なのです。さらに、教職員、保護者、地域住民が力を発揮するためには、カリキュラムや予算等に関する権限が必要です。「社会総がかりの教育」を効果的に進めるためには**学校分権の推進が不可欠**なのです。

本書では、５人の女性たちが学校と社会をいかにつなげるかというテーマで論じ合います。しかし、単に理想を語り、読者にその理想を押し付けようとしているわけではありません。当事者同士が情報と目標を共有し一緒に行動し、成功体験を重ねることによって学校は変化していきます。本書は、５人の女性たちの「学校と社会をつなぐ」当事者として直面してきた課題やご自身の成長、そして姿勢を記述したものであり、その熱い思いを少しでも多くの方々に、感じ取っていただけたらと思っております。

２０２１年７月

藤原　文雄

藤原

⓫こうした大人同士の関係の見直しに加え、大人と子どもたちとの関係性の見直しに取り組み、「未来の社会を担う子どもの意見表明権を保障し、学校参加、社会参加を実現する開かれた学校づくり」（浦野東洋一「はじめに」浦野東洋一・勝野正章・中田康彦・宮下与兵衛編著『校則、授業を変える生徒たち　開かれた学校づくりの実践と研究』２０２１年、３～６ページ）を進めてきた豊かな実践の歴史もあります。

5人の「チェンジメーカー」を紹介します

5人の女性に同じような「匂い」を感じ取り、お引き合わせし、そのご縁で結成された「日本一○○な女子会」の事務局を仰せつかるという栄誉に恵まれてきたのは私、藤原文雄（国立教育政策研究所初等中等教育研究部長）です。その栄誉をいただく特権的立場から、独断と偏見に基づき、5人の魅力溢れる女性たちを紹介させてください。（50音順）
（※プロフィールは執筆当時のものです。）

藤原 文雄

頼み上手、謝り上手の愛されキャラ

生重 幸恵さん

yukie IKUSHIGE

▶特定非営利活動法人スクール・アドバイス・ネットワーク理事長

生重さんは、親として学校や地域の活動にボランティアで関わっていくうち、学校教育へ地域の立場から支援していくことの必要性を痛感し、仲間と共に特定非営利活動法人スクール・アドバイス・ネットワークを立ち上げられました。社会で働く人々と触れ合うことを通じて、児童生徒が学校での学びと社会の関連性を実感し、社会に生きる自分の姿をイメージする機会を提供するキャリア教育は、ライフワークと言えるものです。独身時代には劇団に所属して各地で公演を行い、結婚後にはマーケティングの仕事を行うなど、多彩な経験をお持ちです。「頼み上手、謝り上手の愛されキャラ」です。

洗練された雰囲気を持つ「場」づくりの達人

竹原さんは、全国に先駆けて、横浜市の東山田中学校において、学校に併設したコミュニティハウス館長を10年以上務め、コミュニティ・スクールの立ち上げにも参画されました。地域の世代を超えた交流の場として設けられたコミュニティハウスという空間を生かして、教員や児童生徒、保護者、地域住民などが集い一緒に学ぶ「場」づくりに取り組んでこられました。現在は、大人も子どもも共に学ぶ地域協働の場を創ることを目指す特定非営利活動法人まちと学校のみらいの代表理事を務めておられます。参加者にとって居心地の良い「場」づくりの達人です。洗練された雰囲気をお持ちの方です。

竹原 和泉さん

izumi TAKEHARA

▶特定非営利活動法人まちと学校のみらい代表理事

焼酎を片手に鍛錬を欠かさない、男気のある女性

谷口 史子先生

fumiko TANIGUCHI

▶光華小学校・
京都光華中学校校長

谷口先生は、宮崎県延岡市の山間地区、北方町において4小学校、1中学校を統合した小中一貫校、北方学園の開校に校長として参画されました。「北方の伝統を継承しつつ、北方の発展に積極的に参画し『ふるさと北方』を創造する児童生徒の育成」という教育目標を実現するため、地元の「ひと・もの・空間」を教材としたキャリア教育を中心にしたカリキュラム開発を進められました。また、定年退職前に、全く土地勘のない京都の私立学校の校長に転じ、新しい挑戦に挑んでおられます。焼酎が大好きで、元国体選手ということで鍛錬を欠かさない、「男気のある女性」です。

アーティスト&ブルドーザー

森 万喜子先生

makiko MORI

▶北海道小樽市立
朝里中学校校長

森先生は、内地とは違う教育文化を保持してきた北海道において、保護者や地域住民と共に教育目標を見直す、学校の働き方を見直す、コミュニティ・スクールを導入するなど、前例を大胆に壊し、新たな価値や仕組みを皆で創造してこられました。また、退職まで大過なく過ごすことができる「上がりポスト」と言われることがある校長になってから、谷口先生と同じように大学院に入学するなど自ら学び、自分を変革し続けておられます。美術個展を何度も開催してきたほどの「アーティスト」としての創造性を生かし、前例を壊す「ブルドーザー」として新しい学校づくりに挑戦されています。

「ママ友」と共にチャレンジし続ける

四柳 千夏子さん

chikako YOTSUYANAGI

▶一般社団法人みたかSC
サポートネット代表理事／
三鷹市統括スクール・
コミュニティ推進員

四柳さんは、親としてPTA活動や地域子どもクラブ「あそびバナナ」を立ち上げるなど気の合う「ママ友」と一緒に、地域と学校をつなぐ活動に取り組まれました。自分の子どもが卒業した後も子どもが成長する瞬間に出会える感動というご褒美を支えとし、継続して活動に取り組んでこられました。また、東日本大震災をきっかけに、防災教育などにも取り組み、学校を核とした地域づくりを目指す一般社団法人みたかSCサポートネットを仲間と共に立ち上げられました。「ママ友」と共に、学校と地域をつなぐ活動に挑戦し続けておられます。

PART 1

学校・地域社会の連携・協働はなぜ必要か

このPARTでは、
学校と地域社会の
連携・協働における現在地を確認し、
課題の整理をした上で、
目指すべき方向性
について話し合います。

アーティスト＆ブルドーザー
森 万喜子先生

連携・協働における「現在地」を整理する

藤原　皆さん、こんにちは。２０２０年度から新しい学習指導要領が順次実施され、**「❶社会に開かれた教育課程」の下で、教育活動を実施していく**ことが学校には求められています。一方で、この基本理念を「開かれた学校づくり」と同じようなものとして捉え、地域の人をゲストティーチャーやボランティアとして招けばよいと考えている人もいるように思います。

本日、ここにお集まりの皆さんは、学校の校長として、あるいは地域のキーパーソンとして、学校と社会をつなぐ活動に長く携り、多大な実績を残して来られました。そうしたお立場から、この座談会では、**これからの学校と社会をどのようにつなげ、各々がどのようなことに取り組んでいくべきか**を語っていただきたいと思います。

まず、ＰＡＲＴ１では、現在地を確認し、課題の整理をしたいと思います。「社会に開かれた教育課程」が打ち出される以前から、「❷コミュニティ・スクール」など、学校と地域の連携・協働に関わる制度も整え

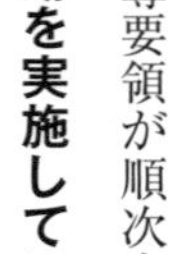
藤原

❶２０２０年度から順次実施されている新学習指導要領の核となる言葉です。この指導要領では、「主体的・対話的で深い学び」や「カリキュラム・マネジメント」なども提唱されていますが、これらの事項の基礎となる考え方が「社会に開かれた教育課程」です。

❷初出なので解説すると、保護者や地域住民が学校経営に参画する仕組みで、２００４年に制度化されました。２０２０年７月現在、全国で９７８８校が指定されています。

られてきましたが、皆さんは現状をどのように捉えていますか?

森 学校と地域の連携・協働は、総合的な学習の時間が始まった頃から、地元企業での職業体験をキャリア教育として始める学校が多かったようです。あれから長い時間がたった現在も、黎明期の取り組みがそのままアップデートもされずに残っているような印象があります。今回、新たに「社会に開かれた教育課程」という言葉が示されたわけですが、これについても**「ただ学校の中に外部人材を入れたらいいんだ」と思っている人もいる**ようです。同様に、「❸主体的・対話的で深い学び」も、「授業に話し合い活動を取り入れる」程度に考えている人もいます。

竹原 制度化されてから15年以上がたつコミュニティ・スクールも、同様に花壇の整備や見守り活動をしているから十分だと考えている人がいます。これまでは、それでよかったかもしれませんが、今後は**カリキュラムづくりにも関わり、マネジメントにも関わる**んだということを明確にしておく必要があると思います。

四柳 校長先生の中には、「うちの学校は、全学年の授業でこんなにたくさんの地域の人に関わってもらっている。だから、うちのコミュニティ・

森

❸新学習指導要領で提唱された学習法で、当初は「アクティブ・ラーニング」と呼ばれていました。単なる話し合い、グループ活動というだけでなく、「主体的」「対話的」「深い」のそれぞれの意味を読み解きながら、日々の授業改善に落とし込んでいくことが求められています。

スクールはうまくいっている」と話す方がいます。でも、肝心なのは、「関わってもらっている」という事実ではなく、**地域と連携した授業が子どもたちの学びにどうつながっているか**です。学習のねらいが、学校と地域で共有されていないケースが少なくありません。

森　はじめのうちは、「とりあえず始めましょう」という感じだったのでしょうが、もう一度、「そもそも、何のためにやっているのか」から考え直す必要があります。学校は「子どものため」というキラーワードをすぐに使いたがりますが、この取り組みが本当に子どものためになっているのか、しっかりと検証していかねばなりません。

竹原　「社会に開かれた教育課程」という言葉は、最終的にはそれぞれの子どもが自らの未来をつくり、そして社会を創っていくことを目指したものなんですよね。

谷口　これからは、**なぜ地域・社会と連携しなくてはならないのか、なぜ変わらなければならないのか、関係者が背景も含めてきちんと理解**する必要があります。その部分を考えずに学習指導要領の変わったところだけを理解してもダメだと思います。

四柳　そもそもなぜ社会に開かなくてはいけないのか、校長先生がきちんと説明できるようにするために、教育委員会が基本的な考え方を整理して示すなど、サポートしていくことも大事だと思います。

生重　**国、都道府県教委、市町村教委、学校、それぞれの役割を明確にしていく**必要があるでしょうね。現状は、役割分担が曖昧になっているがゆえ、文部科学省が掲げた方針に対し、「自分たちにはできないよ」と開き直っている関係者もいるように感じます。

四柳　❹学校と地域が、共に学び合える場があったらいいですよね。学校だけが聞く、地域だけが聞くのではなく、同じ場で同じ話を聞くという形です。

竹原　最近は、少しずつそういうことも各地で行われ始めていますね。

生重　私がコミュニティ・スクールの委員を務める学校も、夏休みの最終週に「❺熟議」を行っています。そこには地域やＰＴＡの関係者、コミュニティ・スクールのメンバー、学校の全教員が参加しています。「インクルーシブ」とか「キャリア教育」とか、**いろいろなテーマを設けて、それぞれがそれぞれの立場でやるべきことを話し合っている**んです。最

四柳

❹教育委員会内の縦割りが、「同じ場での学び」の弊害になっている場合があります。生涯学習・社会教育課が担当なのか、学校教育課が担当なのかによって、違ってしまうのは残念です。

生重

❺「多くの当事者による『熟慮』と『討議』を重ねながら政策を形成していくこと」と文部科学省が示しています。近年では、組織が意思決定をする上での一手法として、全国各地で取り入れられつつあります。

初は校長先生、次に副校長先生、続いて主任、そして教員といった形で、年々理解者を増やしていきました。10年以上にわたって取り組んできて、ようやくここまで来たという感じです。自校だけでなく、他校が取り組んでいることを共有する場にもなっています。

谷口　他の地域・学校で行われている実践を知ることは大事ですよね。でも、それを自校で実践する場合は、**単なるコピペではなく、自分たちの地域に即した形でカスタマイズすることが大事**だと思います。

生重　そうです。でも、他校の地域連携実践をそのまんま欲しがる学校も多いんですよね。そういった要望を受けた際、私は「すみません。うちはラーメン屋じゃないんで、ただ『出してください』と言われてもお出しできないんです。先生方が料理をつくるための素材だったらご提供できます」と言ったことがあります。ポカーンとされましたけどね。

谷口　分かりやすいたとえですね（笑）。

生重　同じ教科・単元の授業でゲストを呼ぶにしても、それぞれの学校でやっていることが違って当然だと私は思いますけどね。

谷口　そこに至るまでの道のりだって違いますからね。結果が同じだとして

藤原

佐藤晴雄「コミュニティ・スクール制度の成果に関する分析的考察」同編著『コミュニティ・スクールの研究—学校運営協議会の成果と課題—』風間書房、2010年、145～154ページによれば、教育委員会や首長の意向によってコミュニティ・スクールとして指定されたトップダウン型の学校よりも、学校や保護者・地域の意向によって指定されたボトムアップ型の学校の方が、コミュニティ・スクール制度の成果を高く評価していることが示されています。学校や保護者・地域が主体的に考えることが重要なのでしょう。

も、ステップや刻み方なども全部違います。

竹原　一昨年の「地域とともにある学校づくり推進フォーラム」で出た話ですが、世の中には「変わるもの」と「変わらないもの」があって、学校と地域の連携・協働で変わってよいのは「何をするか」。逆に、**変わってはならないものは「ミッションや考え方」**です。その点をみんな、間違いがちです。コンセプトだけは変えてはいけません。

谷口　もし、取り組みが前へ進まないとしたら、それは打つ手が違うんですよ。不易と流行という言葉がありますが、どんな組織においても絶対に変えてはいけない、ここだけは譲れないという部分は必ずあります。そうした確固たる信念を持っているという点が、私たち5人の共通項ではないでしょうか。

連携・協働はなぜ必要か①　学校の役割の肥大化

藤原　学校と地域の連携はなぜ必要なのかという点について言えば、学校があまりに多くの役割を担いすぎて、教員が過重労働に陥っている点が挙げられます。学校と地域の役割分担について、森先生はどうご覧になっていますか？

森　私がよく保護者や地域の人に話すエピソードがあります。たまたま用事があって、土日に学校へ行ったときの話なのですが、電話が鳴ったので取ると、「うちの向かいで、お宅の中学校の○○くんがボールで遊んでいてうるさいんです。そのせいで赤ん坊が寝かせられません。❻注意しに来てくれませんか？」と言います。「こういう電話がかかってきますが、皆さんどう思いますか？」と。この方は、別に学校に嫌がらせをしたいわけではなく、単に赤ちゃんを寝かせようとしていた時に、ボール遊びがうるさかっただけです。でも、名前まで知っている向かいの子どもに、声を掛けられない地域ってなんだろうと思いませんか？まして、**土日は学校にとって休業日です。それなのに「注意しに来い」という感覚は何なのか**と。

私が一番悲しいのは、**中学生が市民として認められていないのではないか**と感じるからです。地域コミュニティの住民として認められていないから、声を掛けることができない。身内だと思えば声を掛けられる

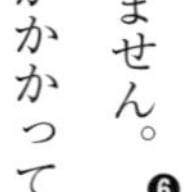
森

❻同様の話は、多くの学校関係者から聞きます。放課後以降や休日は、学校の管理下ではないので対応しないのが当たり前ですが、このロジックが地域の人はもちろん、教員にも通らないことが少なくありません。

❼この点について以前、教委の担当部署に「どうして高校生は対象じゃないんですか？」と聞いたことがあります。理由は「市町村は高校の設置者ではないから」とのことでした。「縦割り行政」の課題が、ここにもあります。

はずなのに、「ストレンジャー」と捉えているから、そうできないわけです。「中学生は、この地域では『よそ者』なんです。中学生という名の仲間ではない人。そう思っているから直接声を掛けず、こういう電話がかかってくるんじゃないですか」と私が言うと、皆さん「う〜ん」と唸ってしまいます。

小学生や中学生以上に高校生、大学生は、「地域コミュニティの一員」という扱いを受けていないように感じます。例えば、図書館や美術館で社会教育のプログラムがあっても、対象が「小学生」とか「中学生以下」となっていたり、「大人も可」となっているのに❼高校生や大学生が抜けていたりします。公立高校は設置者が異なるから、「社会教育の場の対象も小中学生まで」というのでは、高校生が市民として認められていないように感じてしまいます。なぜ、対象から外されてしまうんだろうって不思議なのです。

生重　それは学校がずっと抱えてきた課題ですね。社会が「誰さんちの子」ではなく、「○○中学校の子」と思っているから、何か問題があると「○○中学校に電話して、先生に注意をしてもらおう」となる。本当に、

地域の教育力	家庭の教育力	学校の教育力
子どもの主体的活動の場の提供	円満な家庭	信頼される教師
遊び場の提供	受容的な雰囲気	教師の毅然とした態度
地域行事の場の提供	好ましい生活習慣の確立	児童と教師の人間的なふれあい
子どもの見本となる行動	ルールの確立	協力し合う雰囲気
有害情報から子どもを守る	地域の人との交流	開かれた学校づくり
安全・安心な地域づくり	健康・安全への配慮	地域との連携
		安全・安心な学校づくり

行政の支援

「子どもの成長過程における発達資産についての調査研究（平成17年度）」
（国立教育政策研究所社会教育実践研究センター）

いつからそんな状況になってしまったんでしょうね。

少し古い資料ですが、❽国立教育政策研究所社会教育実践研究センターが2005年に出した資料があります。ここには、「子どもの成長過程において必要なこと」として、地域・家庭・学校それぞれがやるべきことが書かれているんです（31ページ下部参照）。とても明解で、**ごくごく当たり前のことが書かれているのですが、実態はどうかと言うと、まったくかけ離れています。**改めてこの資料を全国で共有していくべきなのかもしれません。

森

学校には、ウィークデーにも苦情の電話があります。「お宅の生徒たちが並んで歩いているから、通行の妨げになる」みたいな電話が。そうした場合、私は教員に「別に指導に出て行かなくていい」と言っています。「**学校の中にいるときは学校の責任だけど、一歩外に出たら学校の責任じゃない**んだよ」と。

とかく教員は手をかけすぎるんですよね。高校受験のときも、教員が手分けをして各高校の校門に立ち、生徒たちが❾試験会場にきちんと来ているかどうかをチェックしたりしています。私が「もうやめようよ、

生重

❽「子どもの成長過程における発達資産についての調査研究報告書 平成17年度社会教育事業の開発・展開に関する調査研究事業」という資料です。

森

❾北海道の場合、願書の提出も「学校経由で」と指定されています。まさに「手取り足取り」といった感じですが、自律的な子どもたちを育てていく上で、考えさせられる側面もあります。

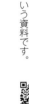

そういうの」と言うと、「中には心配な子もいます」と返ってくるんです。心配だって言っても、バスぐらいは乗れるでしょうと。

生重　本来、そこを見守るのは家庭なんですよね。

竹原　学校の文化も変えなきゃいけないですし、地域や保護者の文化も変えなきゃいけません。

生重　今一度、**学校と家庭と地域がそれぞれ果たすべき役割を考え直さないと、学校だけがどんどんしんどくなる**と思います。

四柳　⑩中教審の答申でも示されましたが、学校の先生には「先生にしかできない仕事」と「先生でなくてもできる仕事」があります。現状、「先生でなくてもできる仕事」を先生が抱えすぎているように私も思います。

ある年のことですが、市の予算がつき、希望する学校を対象に「⑪ボランティア養成講座を実施することになったんです。学校にとってもメリットのある講座だと思うのですが、希望を取ったところ、手を挙げる校長先生はごくわずかでした。そこで、知っている校長先生に「どうして手を挙げなかったんですか？」と聞いたら、「本当は、やりたい

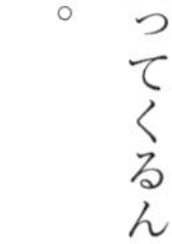
四柳

⑩中央教育審議会「新しい時代の教育に向けた持続可能な学校指導・運営体制の構築のための学校における働き方改革に関する総合的な方策について（答申）」（2019年1月）のことです。

⑪ボランティアをやっている人、やってみたいと考えている人を対象に、学校との関わり方などをレクチャーする研修です。

んです。でもそう言ったらボールが自分のところに返ってくる。だから、ニーズはあっても手を挙げるのを躊躇してしまうんです」と、本音を語ってくださいました。つまり、学校を支援するための取り組みが、⑫学校の負担になっていたわけです。これでは本末転倒で、何とかしなくちゃダメだと思いました。

連携・協働はなぜ必要か②　子どもに社会を「生きる力」を養う

藤原　これまでの議論で、子どもたちの学びを深めるという観点による学校と地域の連携協働の必要性が指摘されました。もう少し、このことを掘り下げたいと思います。

谷口　学校は、**教育活動が自分たちだけで完結しない**という事実を認めるべきだと思いますね。そうした現実を校長がきちんと教職員に伝えていく必要があります。

生重　何より、少子高齢化が進む中で「⑬社会総がかり」という言葉が出てきているように、日本は次世代をどう育てていくのかということを**学校**

四柳

⑫過去15年以上、学校に関わってきましたが、学校の先生が抱える負担感は年々大きくなっている印象があります。特に副校長（教頭）先生の忙しさは深刻なものがあります。

生重

⑬この言葉が公的に最初に示されたのは、教育再生会議の第一次報告「社会総がかりで教育再生を～公教育再生への第一歩～」（２００７年１月）でした。もう10年以上前から、そうしたことが提言されていたことになります。

任せにせず、一人一人が自分事として捉えなければいけません。そうならない限り、学校教育は負担感から解放されませんし、貧困や格差などの社会問題も解決しません。引きこもりが100万人[14]もいる社会なんて最悪ですよ。みんなが自分の足で立つように、一人一人が少しずつ力を出し合い、子どもたちを育成していかない限り、日本全体がダメになっていくばかりです。もはや**学校のメリットとか、地域のメリットとかをどうこう言うレベルじゃない**くらい、この国の首が締まっている状態じゃないかと思います。

藤原　よく、「Ｗｉｎ－Ｗｉｎ」という言葉が使われますが、そうした視点で考える問題ではないということですね。

竹原　「Ｗｉｎ－Ｗｉｎ」という言葉、私はあまり使いません。**子どもを育てるというのは本来、プライベートなことではなく、パブリックなこと**だと考えているからです。つまり、これまでの学校が歪んでいたんじゃないかと考えます。今、提唱されている「地域とともにある学校としてのコミュニティ・スクール」こそが、本来あるべき学校の姿なんじゃないでしょうか。どちらかが良いとか得するとかではなく、「みんなで育て

[14] 内閣府が実施した「生活状況に関する調査」によると、ひきこもり状態にある40～64歳の中高年層の人が全国で61万3000人いるとの推計が出ています。15～39歳を対象にした調査では50万以上と言われているので、合わせると100万人以上に上ります。

る」のが然るべき姿だと、言い続ける必要があるのかなと思います。
⑮2015年12月の中教審の答申の最後のフレーズに、「誰かが何とかしてくれる、のではなく、自分たちが『当事者』として、自分たちの力で学校や地域を創り上げていく」と記されています。

四柳　私も、みんなで次世代を育成するという発想に転換していかないとダメだと思います。地域にとって何がいいのか、学校にとって何がプラスなのかと考えていても仕方がありません。これは学校の「支援」「協働」と同じ話です。**「支援」というのは、何かが足りないから支えてもらうという考え方で、「協働」というのは、一緒にやっていった方がいいんだという考え方**です。どちらかが足りないとか、どちらかが助けるとか、そうした関係性ではないと思うんですよね。誰もが担い手になり、他人事ではなく自分事にする。大切なのは、たぶんそこではないでしょうか。

谷口　どちらにメリットがあるとかいう話ではなく、関わり合うことでみんながプラスになっていくんだと私も思います。

竹原　子どもの存在を、「誰々さんちの誰々」ではなく、**地域の子**として、**社会的存在**として見ないといけないと思います。かつて来日したフラン

竹原

⑮中央教育審議会「新しい時代の教育や地方創生の実現に向けた学校と地域の連携・協働の在り方と今後の推進方策について（答申）」です。

スの大臣が、少子高齢化に関するフォーラムで、**子どもは地域のものでも、学校のものでもなく、国家のものだ**と話されていました。一見、全体主義的に聞こえるかもしれませんが、「子どもはみんなのもの」という文脈で、話されたんだと思います。フランスで子育てをしていて、多彩な施設や制度・経済的支援・社会全体の温かさを実感した者として、とても納得しました。今の日本は全く逆で、「あなたんちの子だ」となっています。そのため、子どものいない人にすれば、「どうして子どもばかりにお金を使うのか」みたいな話になってしまうんです。

現状の課題① 学校・地域間にある意識的な壁をどう乗り越えるか

藤原 ここまで、なぜ連携・協働が必要なのか、基本的視点についてお話ししていただきました。それを進めていく上での課題の一つに、学校と地域の間に意識的な壁があると思われますが、この点はいかがでしょうか。

竹原 学校関係者の間で、よく「⑯外部人材の活用」という言葉が使われま

⑯外部人材の活用という言葉は、過去の文部科学省の公表資料などにも多々見られました。でも、学校と地域が一緒に子どもたちを育てるのだという意識があれば、「活用」という言葉は出てこないとの見方もできます。

藤原

「地域と学校をつなぐ」ことを論じる上で、子どもの存在をどう見るかは、大きな論点だと思います。

す。でも、**「当事者」である私たちからすれば、「活用されている」という意識はない**んですよね。大切なのは、互いが当事者意識を持って、協働的にやっていくようなマインドだと思います

谷口　おっしゃる通り、学校関係者はどこか「上から目線」になってしまうんですよね。

森　そう、教員はイニシアティブを取りたがる傾向があります。コミュニティ・スクールの委員として地域と関わるときも、そういう意識が見え隠れする人がいます。でも、**現実社会を見れば、学校だけではできないことが山ほどある**わけです。そうしたことは、得意な人にやってもらえばいいだけの話なんですよね。

竹原　教員はパーフェクトじゃないとダメだと思っている人もいます。「怠けているとか」「足りない部分がある」とか、全くそんなこと思っていないのに、そういう風に捉えている先生は結構います。頑なに「地域の力はいりません。自分たちだけで何とかします」と言う人もいます。**教員だけでできるというマインドを変え、一緒にやった方がもっと深い学びになる場合があることを理解しない限り、協働は進みません。**

谷口　パーフェクトなんて、校長でも無理です。だからこそ、学び続けなきゃいけないんだし、自分にはないものを持っている人たちとつながらなきゃいけない。

生重　一部ですが、そうした意識で動いている先生もいて、ご自身のネットワークで企業とつながるなどして実践されています。でも、**異動とともにせっかくの実践がプログラムごと消えてしまうこともある**んですよね。本来なら、他の先生たちの意見も取り入れながら継承していくことが大事なのに、学校任せにするとそうなりがちです。「○○先生は異動されました。これまでは○○先生が一人で頑張っていたことなので、今年度からはやらなくていいですよ」と、今まで黙っていた先生の声が急に大きくなったりする。すると、「この活動は、子どもたちのためになっていたので続けたい」という声があっても、かき消されていくんです。これまで、そうした事例をたくさん見てきました。

谷口　そうならないようにと思って取り組んだのが、北方学園での実践[17]でした。地域が外堀のようにがっちり入れば、人がどんなに変わろうが、変わりようがなくなります。

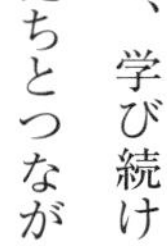
谷口

[17] 宮崎県延岡市にある小中一貫校です。1中4小を統合する形で、2014年度に誕生しました。街の存続を賭け、学校を核としたまちづくりを推進する一大プロジェクトで、私はその初代校長を務めました。その実践は、学校と地域がダブルで文部科学大臣表彰を受けるなど、高く評価されました。

森　**教員は「風の人」**と、よく言われますよね。数年のうちに人事異動で去ってしまうんですよ。

生重　一方、私たち**地域の人間は「土の人」**です。

森　そうです。土の上には木も花も生えます。それが子どもたちだとすれば、地域という土壌を長期的な視点で整えておく必要があります。雨風にさらされてダメにならないよう、栄養たっぷりの土壌を作ることが大切だと私も思います。

竹原　**取り組みを持続可能なものにするという点は、コミュニティ・スクールの強みの一つ**だと思います。

森　学校は「校長ありき」ではないんですよね。4月1日に赴任してきて、いきなり⑱「私はこういう学校をつくります」と宣言しても、それは地域の実情にフィットしていない独善的な思い込みになるおそれがあります。

藤原　地域は学校にはない力を持っていますから、当然、その部分では力を借りないといけません。ただ、地域との協働の中には、学校だけでもできるけど、人手が足りないから頼むというパターンもありますよね。

森

⑱長く苦しい教頭時代を乗り越えたという思いもあるのか、校長になると同時に、「自分の作りたい学校を作るぞ!」と意気込む人は少なくありません。「俺の学校」「私の学校」という感覚です。しかし、公立学校は「公」の性質を持つもので、校長は住民に負託されているに過ぎません。

それから、**地域というのはやはり「現場」**なんです。大人が生きる現場。真剣に生きている人は現場にいるわけですから、やはりそこに行かないと経験できないことはあります。

現状の課題② 新しい取り組みに対する教員の抵抗感をどう取り除くか

藤原 先ほど、「地域の力はいりません」と言う先生の話が竹原さんから出ました。学校の先生の中には、新しい取り組みに対し、抵抗感を持つ人もいるように思いますが、この点はいかがでしょうか。

森 おっしゃる通りで、新しいものを受け入れることに抵抗感がある教員は少なくありません。とあるセミナーで講師をしたときに、「人はなぜ、変革を嫌がるのだと思いますか?」と参加者に聞いたことがありま す。すると、「今までやってきたことを否定された気がして人間関係が心配」とか「失敗が怖いから」とか、そんな答えが返ってきました。そうした思考パターンの人が、教員には多いんです。**失敗の責任を問われ**

るのが怖いんだと思います。

藤原　そうした考えを取り除くためには、どうしたらいいんでしょう。

竹原　一人一人が「地域と一緒に動いてみたらこんなことができた」という小さな成功体験を積み重ねていくしかないと思います。

森　失敗には学びのチャンスが隠れているので、私は「こういうことが分かってよかったね」と笑って言います。生徒を蔑ろにしたり傷つけたりするようなときは厳しく叱りますが、それ以外の失敗に不寛容になると課題が表面化せず、手を打つのが遅れますから。

四柳　以前、地元の商店街の活性化のために、お店のシャッターに中学生が絵を描くというアイデアが出て、私のところに相談がありました。生徒が商店会の人たちと絵のイメージを話し合ったり、シャッターアートの描き方をアートグループから教わったりしながら、仕上げていくというものです。私は「中学生が地域社会と触れる絶好のチャンスだ」と思い、美術部の部活動として実施できないかと学校に持ち掛けました。結果的には大成功で、商店会の方もとても喜んでくださり、商店街の真ん中にひときわ目を引くアート作品が登場しました。

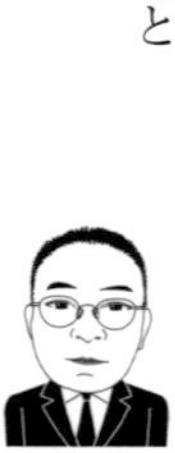
藤原

木村直人・相田康弘「共通の目標に向かうための「共有」の重要性とそのためのツール」『未来の学校づくり――コミュニティ・スクール導入で「地域とともにある学校」へ』学事出版、2019年、19～32ページでも、「情報の共有」→「課題・目標、ビジョンの共有」→「アクションの共有（協働）」→「成功体験の共有」といったサイクルによって協働の取り組みが進むことが指摘されています。

でも、そこに至るまでの道のりはなかなか大変でした。校外で部活動をするのは初めてということもあり、学校側が服装や帰宅時間、活動中に差し入れされるおやつのことまで細かく課題を洗い出し、家庭、商店会、アートグループなどがそれを解決するために奔走しました。**せっかく子どもたちにとって素晴らしい社会体験なのに、どうして理解してもらえないのか**と、途中で心が折れそうになりました。新しいことにチャレンジするのは、学校にとってはとてもハードルの高いことなのだなと感じたものです。

森　学校では**「何かあったら誰が責任を取るのか」**というお決まりのフレーズが、何十年も前から飛び交っていますからね。

竹原　よく聞かれるのが安全のこと、個人情報のことで、「ちゃんと確認が取れているのか」と言われます。

生重　そうした状況を考えても、コーディネーターが間に入らなきゃいけない時代になってきているんでしょうね。

森　「何かあったら誰が責任を取るのか」というフレーズは、教員だけでなく保護者も言います。言われると困るから、「やらないに越したことはない」という空気ができてくるんです。

生重　そうして自分たちの保身のために、⑲**「あれもやらない、これもやらない」と学校が言い続けた結果として、社会とのつながりを知らないまま、大人になっていく人が増えている。**状況は非常に深刻です。

藤原　校長もそうですが、教員レベルでも意識を変えていく必要があるのでしょうね。

生重　例えば、先生が「校長、今までのやり方だと面白くないから、ここをもう少しこうしましょうよ」などと提案することもできます。あるいは、そうした提案のために素案を作って見てもらうこともできる。悪い意味でも使われますが、時に「根回し」が必要なこともあります。他の周囲の先生に呼び掛け、同意を得た上で校長先生に「こんなアイデアがあります。私だけでなく、A先生とB先生も協力してくださります」などと伝えれば、提案も通りやすくなるでしょう。

森　おっしゃる通りです。でも、そういったことが苦手なんですよね。教員は。長く⑳「一人一役」でやって来たものだから、チームで話し合うという経験が乏しいんです。中には、頑なに「一人一役」にこだわる人

生重

⑲私学の場合は、生徒が集まらないとつぶれてしまいますから、時代の変化に対応しようと努力します。一方で、公立はつぶれることがないので、危機意識のない関係者もいます。２０２１年春の高校入試で、都立は51校が定員割れを起こし、３次募集を行いましたが、そうした状況も公立が外部との関係性を閉ざし続けてきたことの結果だと思います。少し厳しい見方かもしれませんが…。

森

⑳学校組織は校長・教頭以外は横並びの「鍋ぶた型組織」と呼ばれていましたが、最近は「ピラミッド型」に変わってきました。「一

もいます。

現状の課題③　連携・協働をどのような形で進めるか

藤原　さて、学校と地域のつながり方については、**「学校を核とした地域づくり」と「地域とともにある学校づくり」という二つの在り方**があります。その二つは分けられないのだと思いますが、谷口先生は両者の関係をどう理解されていますか？

谷口　私が校長として赴任した1校目と2校目は、地域との関わりが非常に深く、どちらかと言えば「地域とともにある学校」でした。一方、3校目の北方学園は「学校を核とした地域づくり」タイプの学校でした。そして、4校目の南中学校[21]はまさしく「地域とともにある学校」でした。つまり、**校長にはその地域によって「使い分け」が必要**です。だから、どちらが良いという話ではなく、「この地域ではこちらの方がいいかな」といった形で、判断していくことが大事なんだと思います。

竹原　その学校・地域ならではの歴史や特色、強みなどがありますからね。

人一役」の最大の問題点は、教員が孤立しがちなことです。問題を一人で抱え込み、心身のバランスを崩す人も少なくありません。皆でワイワイとアイデアを出し合い、支え合う組織にしていくことが大切だと私は考えています。

谷口

㉑延岡市の南部に位置し、東は日向灘に面し、西には愛宕山があります。非常に校区が広い学校です。この学校での取り組みについては、ＰＡＲＴ４で詳しく話しています。

谷口　学校と地域の間に距離感があるところは、やはり学校を核としてつながっていった方がよいでしょう。また、両者共にやる気は醸成されているけれど、つながり方が分からないという場合は、「地域とともにある学校づくり」まで一気にやれるのかなと思います。

四柳　でも、そうした場合でも、校長先生は「地域づくり」をしようと思っているわけじゃないですよね。まず、子どもたちのことを思ってということになるのだと思います。

竹原　**学校と地域の真ん中に子どもがいて、そこにコミュニティができて、その結果、地域が豊かに耕されていく**というのが理想的かもしれません。

藤原　教育長や校長が、そうした教育観を持てれば、地域との連携協働も進むと思います。谷口先生と森先生は、どのようにしてそうした教育観を培ってこられたのでしょうか。

谷口　私は校長になった後、[22]大学院の政策リーダーコースに通ったことがよかったなと思っています。周りには、いろいろと言われましたけどね。「校長にまでなったのに、今さら何を勉強するんだ」とか。でも、それ

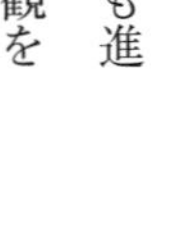
谷口

[22]2016年4月から2年間、兵庫教育大学教育実践高度化専攻教育政策リーダーコースに所属しました。教育長を養成するコースで、全国からユニークな視点を持った教育長や校長が所属していました。

までは教育の近視眼的視野しか持っていなくて、ダメだったなと反省しています。実際に学び直してみると、**教育行政学や政治、経営学など、基礎からいろいろなことを知ることができました。**そもそも、日本の教育はどんな歴史を辿って今の形になったのかさえ、それ以前は詳しくは知らなかったんです。

森　私も谷口先生と同じく、校長になった後に、大学院へ行きました[23]。よく、**教師は「経験」「勘」「度胸」で勝負するなんて言いますが、それだけでは絶対に失敗する**と考えたからです。大学院へ行って何がよかったかと言うと、「そもそも論」が学べたことです。例えば、そもそも学校は何のためにあるのか、そもそも教員は誰のために学校にいるのかといったことです。

谷口　考え方の幅が広がりましたね。物の見方が変われば答えも変わる。そんなことを思いました。

森　でも、谷口先生がおっしゃったように、「校長にまでなって、何しに大学院なんかへ行くの？」というのが世間一般の受け取り方です。

谷口　校長という役職が「上がり」だと思われているんですよ。

森

㉓２０１８年４月～２０２１年３月まで３年間、私も谷口先生と同じ兵庫教育大学教育実践高度化専攻教育政策リーダーコースに所属して学びました。

森　校長になって「㉔大過なく過ごしたい」と言う人がいますが、私はこの言葉が嫌いです。だって主語が自分だもの。変革のための雨風にさらされるのが嫌なんだろうなと思ってしまいます。

生重　「あなたの話は、素晴らしい。でも、それは私が退職してからにしてくれ」なんて、平気でおっしゃる校長先生もいますからね。まさに「大過なく」なのでしょう。

現状の課題④　「地域とともにある学校づくり」と「学校を核とした地域づくり」をどう進めるか

藤原　地域のつながりが希薄化してきた今日、地域にとっても学校と連携・協働する必要性は高まっています。「いい学校は、いい地域をつくる」という考え方の下、学校を核とした地域づくり（スクール・コミュニティ）（㉕貝ノ瀬、2017）に学校が積極的に取り組むべきだという意見があります。いかかでしょうか。

森　本校の場合、**学校と地域が一緒に学校教育目標の見直しをすること**

森

㉔批判を恐れずに言えば、学校が大きな課題を抱えているにもかかわらず、自分が退任するまでは「穏便に」「大過なく」過ごすために、見て見ぬふりをしてやり過ごす校長もいます。課題があれば、火中の栗を拾ってでも改善・改革する姿勢が必要だと私は思います。

藤原

㉕貝ノ瀬滋「学校と地域との連携・協働」同著『図解　コミュニティ・スクール入門』一藝社、2017年、164〜178ページ。

で、地域の課題が学校関係者に共有され、地域の思いや願いが目標の中に盛り込まれました。私が赴任する以前、本校の学校教育目標はかれこれ㉖30年以上変わっておらず、文言も長くて時代にも合っていませんでした。そこで私は、一から見直しを図ることにしたのですが、その改定作業に、地域の人に関わってもらったんです。私と教員だけで作り直したのでは、視点が片寄ってしまう可能性があると考えたからです。

本校のある地域には、年に一度行われる地域の「㉗少年を守る会・地域懇談会」という集まりがあります。そこには、民生委員や保護司会の人、PTA関係者、町内会の人などさまざまな人が集まります。私はそこへ出向き、「本校は学校教育目標を変えようと思っています。でも、学校だけで中学生が育つわけじゃない。この地域の子どもたちに『こんな大人になってほしい』『こんな風に育ってほしい』といった願いがあれば聞かせてください」と投げ掛けました。

すると、「この地域を愛してほしい」「ここに住み続けてほしい」「ここで子育てをしてほしい」など、地域に関わる意見が出てきました。そこで私は、「そのために、どんなことができるでしょうか」と問い掛け

森

㉖学校教育目標は、立派な額縁に飾られていたり、石碑になっていたりすることもあり、何十年も変えていない学校が少なくありません。しかし、中には時代にそぐわなくなっているものもあり、私は学習指導要領と同じく10年くらいのスパンで変えていく必要があると考えています。

㉗30年以上前、学校が荒れていた頃に、道内の各地につくられた組織です。PTAのOBや町内会関係者等により、運営されています。この会合に足を運ぶことで、地域の人たちの「本音」を聞くことができ、それが学校経営に生きました。

ました。すると、「子どもたちにそう思ってもらえるような町にするためには、自分たちが子どもたちの面倒を見たり、道で会ったらあいさつをしたりして、地域のみんなが子どもたちを育てていく必要がある。そうすれば、きっとこの町を好きになってくれるんじゃないか」という話になったんです。実際、今はそういう地域になってきています。

小樽市の人口は11万人ちょっとですが、だいたい年に2千人ぐらいは減少しているんですね。そうした地域ですから、**「この地域を愛してほしい」という切実な声が上がった**んだと思います。私は「本当に皆さんがそう思っていらっしゃるのであれば、やはり『子どもの問題は親と学校の責任』という考え方はおしまいにしましょう」という形で、意見をまとめていきました。

そうして出来上がった新しい学校教育目標が「自律・承認・創造」です。以前の目標は、読み上げると22秒かかっていましたが、短い言葉でまとめました。すると、半年ほどたつと、㉘子どもたちも自ら言うようになりました。地域の願いというのは、やはり聞いてみないと分からないものです。

森

㉘生徒総会でも、「この方針は、創造という視点で考えたらどうなのか」などの言葉が出てくるようになりました。学校教育目標を要として、全ての教育活動が一本の線でつながっていく、そんな実感が得られるようになりました。

私の現任校は私の母校です。だから、昔から知っている人もいますし、新しい人もいます。でも、みんなこの町が良い町であってほしいと願っている。そして、この町がいつまでも続いてほしいという願いがある。だったら**みんなで子どもを育て、子どもたちが町に愛着を持つようにしましょう**ということなんです。

谷口　前任校の延岡市立南中学校に校長として着任した年、私は全教員と地域の人とで年に5回、㉙ワークショップを行いました。それで、小中を一貫した学校教育目標にしたんです。

中学校区にある二つの小学校は、それぞれが異なる地域的特性を持っていました。そのため、「この部分は一緒ですが、やり方はそれぞれ違っていて構いません」というアプローチをとりました。その上で、中学校では二つの小学校の両方のやり方を吸収し、統括していくという方法をとりました。

生重　私の地元の小学校でも、地域に対する子どもたちの愛着を高め、将来は地域の構成員として支える人間を育てようという目的の下、地域のことをよく知るお年寄りに来ていただき、話をしてもらっています。例え

谷口

㉙余談ですが、この会合を持つようになって、奥様方から「学校のためもそうだけど、うちの人にとってもよかった」という声が聞こえてきました。学校に行くとなると、前の日に飲むのを控えるようになるし、きちんとネクタイを締めて出かけるようにもなったとのことです。「週1回だった病院通いが、2週間に1回に減りました」とも言われました。

ば、小学校の国語の時間で「ちいちゃんのかげおくり」や「一つの花」を学ぶにあたって、戦争体験のあるお年寄りの方に来ていただき、当時の食糧事情や空襲の恐ろしさについて語っていただきます。こうしてお年寄りの方が来てくださると、子どもたちが真摯に耳を傾け、真剣に質問するようになるんです。

私がコーディネートした実践では、1教室に1人ではなく、5〜6人の方に来ていただきました。そして、子どもたちが5〜6のグループに分かれて質問攻めにします。お年寄りの方々も、頼まれたから来たというのではなく、自分の思いを本気で語ってくださいます。**結果として、それがお年寄りの方々の活力にもつながるんです。切れかかっている世代間のつながりをもう一度取り戻す、良い機会になっている**と感じています。

また、地元のパティシエの方に来てもらったときは、「オリジナリティの大切さ」について語っていただきました。そのパティシエの方は、子どもが描いた絵などをもとに記念日用の洋菓子を作っていて、子どもたちは興味津々の様子でした。結果的に子どもたちがそのお店に行くようになったり、保護者が立ち寄るようになったり、㉚本当にいろいろな効果が生み出されたんです。

取り組みをきちんと「価値付け」することが重要

竹原　やはり、アプローチはいろいろあると思うんですね。一口に「地域と学校」と言っても、まちづくりから始まるコミュニティ・スクールもあれば、学校が仕掛けてジワジワと地域に広がり、いつの間にかまちづくりにつながっていくこともあります。いろんなケースがあるとは思いますが、学校と地域が元気であることのカギは、両者のつながりが深いことだと思います。子どもの未来、子どもの幸せという一つのテーマで信頼関係があり、みんなが深くつながっていること。そうした土壌があれば、防災や福祉など多様なテーマからアプローチできるでしょう。

生重　**防災も福祉も、子どもを主語に考えれば、全部つながっていく**んじゃないでしょうか。どちらもキャリア教育なんです。さらには「共に生きる」「差別・区別はしない」「インクルーシブなまちづくり」など、全

生重

㉚こういった実践はどこの学校も行っていますが、私は「データを取っておいてほしい」と伝えています。定性的、定量的にエビデンスを残していくことが、先生がかわろうが、校長がかわろうが、その学校を地域の学校にする上で必要だと思います。

てが最終的にSDGs[31]へつながっていきます。

四柳　今、話を聞いていて思ったのですが、似たようなことはあちこちで実施されているんですよ。問題は、**実施されたことが、きちんと誰かに価値付けられているかどうか**です。誰かに価値付けられれば、「そうか私のやったことは、こういうことだったんだ」と思えて、自己有用感が生まれ、それが次へとつながっていくんだと思います。やはり、校長先生が地域を勇気づけてくれる人であってほしいと思います。

生重　そうなんですよ。例えば、「四柳さんが頑張ってくれたから、学校はこんなに良くなったよ」と、校長先生から言われたら、「またやろう」という気になるじゃないですか。でも、現実にはそう言ってくれる校長先生が決して多くはありません。

竹原　ただお礼状を出すとか、子どもたちの感想文を渡すとかだけではダメなんです。やっぱり直接声を掛けて、コミュニケーションを取ることが大事です。さらに、時には熟議や研修を一緒にする場面があれば、学校のミッションを理解することができます。

藤原　自分たちのミッションのために手伝ってくれている人に対し、「あり

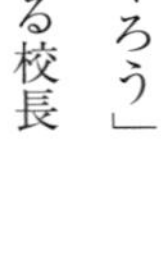
生重

[31] Sustainable Development Goalsの略で、日本語では「持続可能な開発目標」と訳されます。２０１５年に国連サミットで採択され、２０１６年からの15年間で、各国が達成すべき17の目標が掲げられています。

がたい」と思うのは当然のことです。問題は、校長が自身のミッションに基づいてお願いしているかどうか。もう一つは、大変さを分かっているかどうか。人を集めてくるのがどれだけ大変か、校長自身がその点を理解しているかです。

竹原　先生が地域への感謝を言葉にすると同時に、**地域側が先生の良いところを見つけたら言葉に出すこと**も大事だと思います。それが活力となって、連携・協働も進むのだと思います。

生重　私も「こんにちは、先生。この前の授業、面白かったですね！」と声を掛けるなど、とにかくこちらからアクションし続けてきました。すると、最初は警戒していた先生も、次第に心を許してくれるようになり、「今度、こういう授業をやるから見に来ませんか？」と言ってくれるようになるんです。向こうから寄ってくるのを待っていたらダメです。

藤原　地域は世代継承という大きな課題を抱えています。現状、実際に汗をかく「真ん中の世代」が抜けている地域は多く、このまま放置すれば地域社会の維持ができなくなってしまいます。そんな中で、学校を核にして、とにかくみんながのできることをやってみる。そして、賞賛し合う。

そうしたことを通じて、絆というものが生まれてくる。その結果として、世代継承も地域の中に生まれてくるように私も思います。

PART 2

連携・協働の視点①
キャリア教育
―学校・地域それぞれの役割―

このPARTでは、
社会に開かれた教育課程を推進する上で
キーとなる「キャリア教育」に焦点を当て、
現状の課題、今後取り組むべきことなど
について話し合います。

頼み上手、謝り上手の愛されキャラ
生重 幸恵さん

「職場体験=キャリア教育」という大いなる誤解

藤原　さて、このPART以降は、学校と地域をいかにつなぐかについて、いくつかのキーワードを基軸に考えていきたいと思います。まずは、「キャリア教育」です。一口に「キャリア教育」と言っても、その捉え方は人ぞれぞれ違っていて、教育関係者の間でも共通理解が図られていない印象があります。文科省は、キャリア教育に関するウェブサイトにおいて、「今、子どもたちには、将来、社会的・職業的に自立し、社会の中で自分の役割を果たしながら、自分らしい生き方を実現するための力が求められて」おり、「この視点に立って日々の教育活動を展開することこそが、キャリア教育の実践の姿」と述べています。❶新しい学習指導要領においても、関連する記述があります。しかし、未だ、「キャリア教育」とは何かについて十分な共通理解が図れていない印象があります。

森　学校教育の当事者として思うのは、まず**「キャリア教育=職場体験」だという思い込みから脱却できていない**学校が多いということです。社

藤原

❶中学校学習指導要領の総則の「第4 生徒の発達の支援」に「生徒が、学ぶことと自己の将来とのつながりを見通しながら、社会的・職業的自立に向けて必要な基盤となる資質・能力を身に付けていくことができるよう、特別活動を要としつつ各教科等の特質に応じて、キャリア教育の充実を図ること」と書かれています。

キャリア教育が育成を目指す資質・能力

1 基礎的・基本的な知識技能
2 基礎的・汎用的能力
3 論理的思考力・創造力
4 意欲・態度及び価値観
5 専門的な知識・技能

（2 基礎的・汎用的能力 →）

1 人間関係形成・社会形成能力
2 自己理解・自己管理能力
3 課題対応能力
4 キャリアプランニング能力

発達段階別のキャリア教育のねらい

幼児期	小学校	中学校	後期中等教育
自発的･主体的な活動を促す。	社会性、自主性･自律性、関心･意欲等を養う。	社会における自らの役割や将来の生き方･働き方等を考えさせ、目標を立てて計画的に取り組む態度を育成し、進路の選択･決定に導く。	後期中等教育修了までに、生涯にわたる多様なキャリア形成に共通して必要な能力や態度を育成。 また、これを通じ、勤労観･職業観等の価値観を自ら形成･確立する。

いずれも中央教育審議会「今後の学校におけるキャリア教育・職業教育の在り方について（答申）」を基に作成

会に出て就職し、「こんな仕事だったのか…」と初めて知り、すぐに辞めてしまう人がいる。そうならないように、若い時から体験させようという目的の下、学校では盛んに職場体験をやって来ました。でも、キャリア教育がスタートしてもう❷20年以上がたっているわけで、今は状況がいろいろと違ってきています。

四柳　三鷹市では「生き方・キャリア教育」という形で展開されていますが、これはこの名称で何かしらの活動をやっているというより、各教科での学びなどをそこへつなげていくような形で展開しているようなイメージです。三鷹市でも職業体験的な活動は、地元の事業者などに協力を得て実施していますが、**キャリア教育はもう少し広い視点で捉えていくべき**ものなのでしょうね。

森　そうです。でも、思考がアップデートできておらず、いまだに職場体験をやればキャリア教育になると思っている教員が少なくありません。当の中学生も、「これで自分の将来に、本当に役に立つのかな？」と感じているはずです。キャリア教育というのは本来、学校で学ぶ中で徹底的に自分と向き合う、他者と関わり対話して学びを重ね、将来社会に出

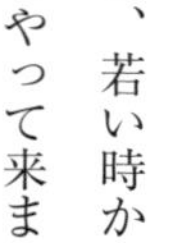
森

❷後ろで生重さんが話していますが、「キャリア教育」という言葉が公的に初めて登場したのは、1999年12月に中央教育審議会が出した答申「初等中等教育と高等教育との接続の改善について」でした。

❸2002年に「総合的な学習の時間」が始まった際、多くの学校が「福祉体験」と「職業体験」に取り組みだしたのがキャリア教育のスタート地点でした。当時は、働くことの大変さや厳しさを理解させるような感じでしたが、単純作業が人工知能（AI）等に代替されるこれからの時代は、むしろ働くことの楽しさを感じさせるようなキャリア教育にしていく必要があります。

たときに「あっ、中学校で学んだことはこれか」とギャップを感じずにできる、そうした実感を伴ったものであるべきだと思っています。**「自分はこれから先、どんな生き方だってできるし、未来はいろいろな可能性に満ちている」ということを子どもたちに伝えたい**と思うんです。でも、学校現場の「キャリア教育＝職場体験」という思い込みは根深いですし、教育行政からも「今年度の職場体験は何日やりましたか?」という調査が来ますからね。「しませんよ。何のためにやるんですか?」と返したら、びっくりされます（笑）。とにかく、職場体験の呪縛があるから、❸今の時代とそぐわないキャリア教育になっているんじゃないかという気がしています。

生重　「職場」体験なのか、「職業」体験なのか、そのあたりの認識のズレもありますよね。過去には、❹5日間の体験が規定されるような時期が長くありましたからね。

森　最初に職場体験を5日間やったのはどこでしたっけ?

竹原　兵庫県の「❺トライやる・ウィーク」が一つのモデルだと思います。ただ、兵庫県の実践はキャリア教育としてスタートしたものではなく、

生重

❹2005年に出された「中学校職場体験ガイド」において、「5日間の職場体験を行っている先進地域で学校、家庭、保護者等の各方面から多くの成果があがっているとの報告がある」と記述されています。

竹原

❺中学生の心の教育を目的にスタートした事業で、中学2年生が5日間、職場体験や福祉体験などに参加します。

阪神・淡路大震災や神戸児童殺傷事件がきっかけで、「教える教育」から「育む教育」へ転換し、「社会の中で子どもを育てるにはどうしたらいいのだろう」という動機から始まったものだと聞きました。

確かに、職場体験や職業講話を1回やっただけで、キャリア教育を済ませる学校は結構ありますね。とにかく今、**「キャリア教育を何のためにするのか」ということから、地域も学校ももう一度考えなければいけない**のだと思います。

生重　「キャリア教育」という用語が公的に初めて登場した中央教育審議会の答申「初等中等教育と高等教育との接続の改善について」では、「小学校段階から発達の段階に応じてキャリア教育を実施する必要がある」と提言されています。それ以降、森先生がおっしゃったように多くの都道府県が、教育調査の中で「職場体験は、何日間やっていますか?」といった項目を入れるようになっていきました。

そうした動きがある中で、私は❻2002年に杉並区初、民間初の学校教育コーディネーターになりました。そして、当時の校長先生から「1日だけでもいいから社会との接点を生徒たちに持たせて、自分たち

生重

❻当時は「コーディネーター」という言葉も定着しておらず、企業に電話をすると「役所の人ですか？それとも先生ですか？」と聞かれ、一から説明しなければならないことが多々ありました。

がどんな地域・社会に生きているのかを実感させてやりたい」と相談を受けたのです。そこで私は、「中学2年生全員のインターンシップ先を私が決めてきますので、学校はどんな思いで外に出したいのか、その文章を作ってもらえますか」とお願いしました。そうして実に128名の行き先を私一人で決めたんです。

藤原　一人で128名とは…、とてつもない数ですね。

生重　この取り組みを始めた年は、総合的な学習の時間が全国の学校でスタートした年でもありました。そこでこの時間を活用し、「福祉」「環境」「伝統文化」「国際理解」「情報」の5つのコースを設け、中学生がそこから一つを選択して取り組む形をとりました。

その際、私から「せっかくなら、インパクトのある講師を呼んでみましょう」と提案してみたところ、校長先生が「いいでしょう」と言ってくださったので、ちょうど来日していたオルカ❼の生態系の研究者の方にお声掛けし、「環境」「情報」を選んだ生徒たちを対象に話をしてもらいました。また、「国際理解」では、保護者に『サッカーマガジン』の編集長がいたので、各国の選手たちがいかに自分たちの母国に恩恵

❼オルカとはシャチの学名です。ポール・スポング博士というカナダの世界的研究者の方にご講義いただきました。

をもたらしているのかという話をした上で、「サッカーという一つのスポーツを通じて国際貢献をしているという意識が選手たちの中には強くある」といった話をしてもらいました。

私自身、そうした経験を経て、企業や著名人などに直接、打診してもいいんだと思うようになりました。**地域というのは社会そのものなのだから、どこへアプローチをしても、子どもたちと社会の接点はつくれる**のだと思ったのです。

藤原 それ以降、生重さんご自身、経済産業省との関わりの中で、キャリア教育の推進に携わられました。

生重 はい。始まったばかりのキャリア教育をどうやったら充実させられるだろうか…と考えていた矢先、キャリア教育の一環として中学生が地元の産業振興に取り組む経済産業省のプロジェクトが始まり、その委員として関わるようになったんです。さらにその後は、経産省としてキャリア教育コーディネーターを育成していくことになり、そのプログラムの作成にも携わらせてもらいました。こうした活動の延長線上として、現在も❽キャリア教育コーディネーターの養成・研修等に関わらせていた

生重

❽具体的に、私が代表理事を務める一般社団法人 キャリア教育コーディネーターネットワーク協議会が、この事業を担っています。指定育成機関で育成研修会を受講し、実践コースを修了した後に「キャリア教育コーディネーター認定試験」に合格すれば、キャリア教育コーディネーターとして認定されます。

だいています。

今回の新学習指導要領の優れているところは、**それぞれの教科の背景にキャリア観というものが示されている**点です。単に教科書を教えるのが子どもたちの教育ではなく、今、学んでいることが実社会でどう役に立つのか、きちんと書き込まれています。そんな話をすると、先生方の中には、「別に職場に押し込むために勉強を教えているんじゃない」とおっしゃる方もいますが、**学校教育は勉強のためではなく、子どもを自立させるためにある**んですよね。生涯にわたって学び続ける力をつける所が学校のはずです。

学校の全ての時間がキャリア教育につながっている

四柳　つまり、掃除や給食の時間も含めて、学校の中の全ての時間がキャリア教育につながっていることになるわけですね。そういえば、日本の学校の特別活動が今、世界的に注目を集めているとの話を聞きました。

谷口　日本へ視察に来るミャンマーやフィリピンの学校関係者も、そこを見たくて来るみたいです。掃除だけでなく、給食の配膳も子どもたちが自分でしている国は、世界的にもかなり珍しいようです。

生重　規範意識とか協働する力とか、海外でもそういうものが重要だという認識が増しているのでしょう。だからこそ、日本の特別活動が注目を浴びているんだと思います。

森　ただ、**特別活動にキャリア教育的な活動を入れていくというのは、物理的にはなかなか厳しい**側面があります。❾特別活動は年間35時間ですから、その中で例えば「❿キャリア・パスポート」の作成を組み入れるのは大変です。これまで子どもたちが生徒会活動でやっていた議案審議の時間なども、縮減するなどの対応をせざるを得ない。現場の先生方に理解してやってもらうには、結構ハードルが高いんです。

生重　「キャリア・パスポート」と、どう向き合うかは大きな課題ですよね。私が不安に思っているのは、**自分の内面ときちんと向き合いながら、目標を立てたり、振り返ったりできる子が、果たしてどのくらいいるだろうか**という点です。子どもの能力や書くことの得意・不得意にもよって、大きく違ってくると思います。そういった状況も把握しないまま、

森

❾少し紛らわしいですが、ここで言う「特別活動」は、時間割の中に位置づけられた「特別活動の時間」のことです。小1のみ年間34時間で、小2以上の学年は年間35時間です。

❿小学校から高校までのキャリア教育に関わる活動について、そのプロセスを子どもたち自身が記述していくものです。今回の新しい学習指導要領に盛り込まれました。本校のキャリアパスポートは徹底的に自分と向き合うことをコンセプトに作成しました。

半年単位でトータルに振り返り、書き綴っていくなんてことが果たしてできるのか。むしろ、子どもたち自身が感動したことや気付いたことを、それぞれの方法で表現していく方が理にかなっているように思います。

例えば、偏差値主義の教育の中で、希望を失っているような子が、職場体験を通じて知らない人たちから認められることもあるでしょう。そのタイミングで、先生が「あの職場で体験したことはどうだった?」とか「職場でこう言われたと言っていたけれど、どんな気持ちだった?」とか、会話を通じて引き出していくんです。そうしたら、「お世話になったからお手紙を書こうかな」とか「改めてお礼にうかがおうかな」とか、自分なりに考え、自問自答しながら成長していきます。

こうした機会を設け、周囲の大人が適切にサポートすれば、子どもたちは自然と「アクティブラーナー」になれるんです。先生方は、子どもたちに「学び方」をサジェスチョンして、そのサポートをしていくだけで構いません。繰り返しますが、**キャリア教育は全ての学びに通じているんです。**学校教育の基礎、土台になるものだと思っています。

谷口　新型コロナウイルスによる全国一斉の休校措置の際、私は「この状況を逆手に取りましょう」と職員に伝えました。職場体験学習の発想を変えるよいきっかけになると思ったんです。これまでのように**「職場へ行く」という発想を捨て、自分たちで何かを仕掛け、「人に来てもらう」**わけです。そういう逆転の発想をしてみようと問い掛けました。

具体的には、例えば⑪学園として借りている京都の町家を使って、生徒たちにアウトプットの場を設けたいと思っています。町家を訪れる人がどういうことを求めているのか。まずはそのことを教員たちに考えてもらって、最終的には教員から子どもたちに企画を下ろそうと思っています。京都だからできる、私たちだからできることをやりましょうと呼び掛けながら動いているところです。子どもたちが学んだことを世界のお客さまにどう⑫アウトプットするのか、これからの社会に「あるといいな」という環境を自分たちでいかに創り出すのか。将来的には、⑬今ある職業のほとんどがなくなってしまうと言われているぐらいですから、既存の職業を体験しに行くよりも、はるかに意義深いでしょう。もちろん、町家を借りるとなれば、それなりのお金はかかります。しかし、そうした学びで得られる効果を考えれば、安いものだと思うんで

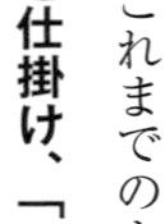
谷口

⑪光華女子学園は、幼稚園、小学校、中学校、高等学校、大学、大学院を併設する学校法人で創立80年の歴史を誇ります。私は現在、この学園の小学校と中学校の校長を務めています。

⑫具体的な活動例としては、子どもたちが身に付けた箏曲や茶道などの伝統芸能で、地域の人たちをおもてなしするような活動が考えられます。

⑬ニューヨーク市立大学大学院センターのキャシー・デビッドソン教授は、現在の子どもたちの65%は将来、今は存在していない職業に就くとの予測を立てています。

す。

生重 谷口先生みたいにキャリア教育に対して理解のある校長先生が、もっと増えていくといいなと思います。「昨年通りで結構です。よろしく」と電話を切る人が、全国にどのくらいいるかという話ですよ。

森 本校の場合、近隣の事業所等へ行って職場体験をするという取り組みは、時間的な事情もあって実施していません。そのため、キャリア教育は修学旅行が要になっています。その切り口は「まちづくり」です。修学旅行を通じ、生徒たちは「自分たちの街をどうするか」という課題を持ち帰ってきます。

例えば、かつて⑭破綻した夕張市に行った生徒もいました。もちろん、事前に市役所や地元企業にアポイントを取っています。すると、すごくシビアな質問を中学生がするんですよ。「市が破綻して、これだけひどいことになっているのは誰のせいなんですか?」とか（笑）。そうした質問を市役所の方に素直にぶつけるんです。

終了後、生徒たちは自分のまちの未来のあり方について企画提案をします。生徒の中には、観光都市の土産物も考案・試作して、総合的な学

森

⑭かつて炭鉱の町として栄えた夕張市は、石油エネルギーへの転換等により財政難に陥り、財政が破綻。２００７年に財政再建団体に指定され、国の管理下に置かれました。

習の時間の発表会で、アドバイザーの大学生や地元企業の人たちに試食してもらうこともありました。そうやって、**自分たちで考え、トライし、提案する機会をつくる。それこそが、キャリア教育**だと思います。

総合的な学習の時間が始まった当初に実施していた職場体験では、こちらの説明不足もあって、子どもたちが一日中お店でシール貼りをやっていたなんてこともありました。「中学生には分からないだろうが、仕事って厳しいんだ。そこを体験してもらおう」と考える事業所の人もいたと思います。いろいろな子どもたちがいて、得意・不得意もあるでしょうし、やりたいことがはっきりしている子もいれば、していない子もいます。例えば、医療系に興味がある子が全く関係のない職場へ行き、がっかりして帰って来るなんてこともあったと思います。当時は、子どもたちの関心をあまり考えていませんでした。

生重　随分前の話ですが、東京都杉並区の幼稚園の園長会に、コーディネーターとして呼ばれたことがあります。そこで園長先生たちが、「幼稚園教育に興味のある生徒が来たときはいいんだけど、単に割り当てられただけの生徒が来たときは困る」と話していました。途中で行方不明になり、探してみると体育倉庫のマットの脇で寝ていたなんて生徒もいたそうです。

学校としては、「もし、生徒たちに自由に選ばせたら、誰も希望しない事業所が出てくるかもしれない。それは失礼になるので強制的に割り振ろう」なんて考えもあるのだと思います。今は、そういう学校はないと信じたいですが、それが子どもの教育だと思っている学校が、当時は多かったですね。

何のためにやるのか、「上位目的」を確認する

谷口　そもそも何をしに職場に行かせるのか、その「そもそも」をきちんと考える必要がありますよね。私は正直なところ、場所はどこへ行かせようが関係ないと思っています。どこへ行っても、目的さえ明確になっていればいいんです。今、求められている**「自分で問いを立てる力を育てる」という部分がきちんと押さえられていれば、どこのどんな職場に行こうが、きちんと目的は果たせる**と思うんですね。

生重　何事も上位目的、「何のために」を考えることが大事なんですよね。

竹原　学校の組織体制の問題として、キャリア教育の担当者を決めた後は、その人たちに任せきりにするような状況も良くないと思います。学校全体でキャリア教育をどう位置付け、どの教科とどうつなげて、どういう子どもたちを育てていくのかを共有することが重要です。でも、それが現実にはなかなか難しいので、私たちが⑮このハンドブックを作ったんです。

職場体験は、事業所等にただお願いするのではなく、「みんなで一緒に子どもたちを育てるためにやっているんだ」ということも伝えたいと思いました。そうやって趣旨を伝えれば、受け入れる事業所の方も徐々に理解してくれます。中には「中学生を受け入れるためのプロジェクトチームを作りました」とか、「新人教育に位置付けて彼らに任せています」とか、何年も続けて受け入れているうちに、受け入れ態勢がグレードアップしていく所もあります。

東山田中学校では、**「何のためにやるのか」を最初に明確にし、先生がすべきこと、コーディネーターがすべきことを可視化**しています。先

竹原

⑮文部科学省の委託事業として2009年に作成したA5判24ページの冊子「10年後の社会人」です。「地域とともに歩む学校」として、キャリア教育の基本的な考え方を示した上で、具体的な実践事例を紹介しています。

生は生徒たちの事前学習、事後学習を通して活動に関わり、コーディネーターは企業や地域の方を発掘したり連絡調整等をしたりする。目的を共有し、それぞれの役割を果たすことで深い学びにつながっていきます。イベントのように、形だけのキャリア教育にならないようにすることが大事だと思っています。

藤原　「何のためにやるのか」を明確にすること、そして役割分担を明確にすることが大事ということですね。具体的に、竹原さんのところでは、どのような形でキャリア教育を進めているのでしょうか。

竹原　キャリア教育をどう進めていくか、教職員とコーディネーターが共通認識をつくるために、東山田中学校の教育の柱であるキャリア教育に関してこの表（74ページ参照）を作りました。「管理職」「学年」「地域学校協働本部」別にやるべきことを書いています。

4月下旬のところに、「地域学校協働本部との年度初めのミーティング」とありますが、ここで学年ごとに20分ずつ打ち合わせをします。どの学年も全ての先生が参加し、校長先生も同席します。そうすることで、学年全体に「ここがキャリア教育のスタートだ」という意識が芽生

東山田中学校 キャリア教育 年間業務概要

	管理職	1学年	2学年	3学年	地域学校協働本部 （やまたろう本部）
4月		新指導部会	新指導部会 TWTWプログラム参加申し込み	新指導部会	2年 事業所開拓開始 継続受け入れ依頼状作成、送付
4月	地域学校協働本部との年度初めのミーティング				
5月 6月	職場体験事業所あいさつ回り	「プロに学ぶ」講師募集	職場体験オリエンテーション実施		1年 継続講師依頼 2年 新規事業所依頼 返信FAX・集約・データ化 事業所リスト作成
7月			職員会議（夏季休業中の体験先事業所訪問について）		2年 事業所リスト完成 （夏休み前）
7月〜8月		全職員が手分けして職場体験先事業所訪問			
8月		教職員キャリア研修			1年 CMづくり教員研修企画 2年 事業所打ち合わせ・ 報告結果入力
9月		お仕事インタビュー指導	体験先希望調査		1・2年 正式依頼文作成・送付
10月		講師確定、生徒割り振り	体験先事業所決定・ 生徒名簿作成 生徒事前訪問指導 認知症サポーター講座	面接官依頼 面接ボランティア向け資料作成・発送	3年 面接官依頼・決定 2年 生徒名簿の印刷と送付
11月	職場体験事業所まわり 1年・3年講師との反省会	「プロに学ぶ」講座	マナー講座実施 リクルート事前学習打ち合わせ 体験先生徒事前打ち合わせ指導 **職場体験**	面接練習（冊子配布・指導） 模擬面接	1・2年 依頼状作成&依頼
12月		CMおよびポスター作成 CM発表会	事後学習（リクルート来校） タウンワーク作成		1〜3年 礼状および「キャリア交流会ご案内」作成
12月		礼状および「キャリア交流会ご案内」発送			
1月		2年次に向けた福祉体験			キャリア交流会企画準備
1月	キャリア交流会				
2月		次年度への申し送りファイル作成・データ整理	タウンワーク納品 次年度への申し送りファイル作成・データ整理	次年度への申し送りファイル作成・データ整理	
2月	振り返り				
3月			タウンワークを事業所へ送付		タウンワーク送付
3月		次年度への申し送り事項作成・データファイル整理			

えます。その後の細かいことは担当者同士で打ち合わせて決めていくのですが、担当者が孤立しないようにするためにも、年度はじめの短時間のミーティングは効果的です。表の7月末には「全職員が手分けして職場体験先事業所訪問」とありますが、夏休みの間に全ての先生が自分の担当する事業所に出向き、職場訪問のための打ち合わせを済ませます。

こうした年間計画に基づいて全体で動くことで、先生方がキャリア教育を自分事として受け止められるように工夫しました。それ以前は、キャリア教育担当だけがしんどい思いをして、内容も地域に「丸投げ」に近い状況があり、どの先生もキャリア教育担当をしたがらないような実態もありました。

藤原　谷口先生は現在、私学の校長ですが、私学におけるキャリア教育はどのような状況なのでしょうか。

谷口　学校にもよりますが、公立に比べると、脇に置かれているように感じます。キャリア教育を受けないまま高校、大学を経て社会に出て、本当に大丈夫なのかと少し心配になります。実は、本校では2022年4月から、新生「京都光華」として新たなスタートを切ります。そのカリキュラムの中ではキャリアアップのプログラムも組まれています。

森　高大接続改革は、そうした観点からも進めていく必要があるのでしょうね。

生重　私は⑯高大接続改革の委員もやっていましたが、改革の起点は「大学という学びの場は、本当に今のままでいいのか」「高校教育が変わらないといけないのではないか」という問題意識です。義務教育段階までは、子どもたちに体験させることや考えさせることを重視した学校も多いのですが、高校に行った途端、進学指導の中で消えていってしまう状況があります。

しかし今、**一部のトップクラスの進学校も変わり始めています**。例えば、都内のある私立の中高一貫校では、中学3年生が「自分たちが高校に行ったら、こんなことに取り組みたい」などとプレゼンテーションし、認められれば必要な備品や設備を導入してもらえるような取り組みを実施しています。自分たちで研究課題を持ち、主体的に探究していくような学習を中学3年生の段階で行っているわけです。少しずつですが、変わってきている実感もあります。

生重

⑯「新しい時代にふさわしい高大接続の実現に向けた高等学校教育、大学教育、大学入学者選抜の一体的改革について」として2014年12月に答申が取りまとめられました。

キャリア教育を推進する上でのポイント

森　本校の⑰修学旅行では、事前に子どもたちに問いをたくさん出してもらいます。その中に「北海道には近世や中世がないけれど、東京にはその時代から存在する大きな神社がある。神社の裏側って、それはどんなだろう？」という問いがありました。それで、新任の教員に國學院大学の卒業生がいたので、「神社とかに誰か知り合いはいない？」と聞いてみたんです。すると、「明治神宮にいます」とのことで、すぐに電話してもらいました。また、「土地がないところでも野菜を作っているところがあると聞いたけど、本当にそんなところがあるの？」という問いがあり、「じゃあ、探してそこに行ってみようか」という話に発展していきました。そうやって、**子どもたちに引っ張られる形で教員たちも活性化**していきます。

谷口　森先生の学校のように、職場体験学習と修学旅行を結び付けている学校が、最近は増えていますよね。本校でも単なる観光旅行的な修学旅行はやめて、学びにつながる研修旅行にしようと考えています。例えば、

森

⑰生徒たちが課題の解決に向けて探究的に学ぶ「ＰＢＬ型」の修学旅行を実施しています。社会を生きていく上で必要な基礎的・汎用的能力を醸成するという点では、広義のキャリア教育実践と位置付けられます。

海外に行く場合に英語が必要だと分かれば、子どもたちは英語を必死で勉強します。結局、**「必要だからやる」という学びの根幹をきちんと押さえよう**ということです。

藤原 子どもは学校の中だけで生きていくわけではなく、いつかは社会に出ていくんですよね。実社会とのつながりを持つことで、自分が社会の中でどう生きたいのかを考えるとともに、学校で学ぶ意味などを感じ取り、自分らしい生き方を実現するための力を身に付ける学習につなげる、それがキャリア教育だと思うんです。もちろん、それぞれの教科には固有の目標がありますが、こうしたキャリア教育という視点を無理のない形で重ねつつ、教科の授業を行うことが大切です。

生重 確かに、教科の背景にはキャリア教育があり、教科の学びの全てが生きていく上で役に立つこと、そのために学校教育があるのだということは、難しいことですよね。

藤原 そもそも40代後半以降の大人たちは、そうした教育を受けてきていませんからね。幸せになるために、一生懸命勉強をして、少しでも良い高校、良い大学に行きなさいと教えられてきたわけです。しかし、生き方にはいろいろな道があるわけですから、まずは大人たちのこれまでの人生観、学校観を「変える」というか、「壊す」ところから始めないといけないのかもしれません。

生重　金儲けと幸せと自立、その方法を今の学校は教えていないんですよ。

四柳　お金の話が出てきましたが、これは⑱アントレプレナーシップ教育につながっていきますよね。一方で、お店屋さんごっこみたいなことをして、それがキャリア教育だと言われているような実態もあります。先ほどから話に出ている**「何のためにやるのか」という目的の部分がきちんと示されているべき**という話は、全くその通りだと思います。お話をうかがっていて、キャリア教育というのは、際限のない分野なんだなと思いました。

谷口　そうですね。だから私は、教員がその全てを担い、できるようになるべきだとは思わないんです。逆に自分たちにないものをコーディネーターや外部の方は持っている。そのことをきちんと認識して、できない部分、不得手な部分はお任せする。「社会総がかり」というのは、そういう意味でしょう。**教育を学校の中だけで完結させるのは難しい**んです

四柳

⑱日本語訳は「起業家教育」。自ら起業し、新しいビジネスモデルなどを創り出していく精神を養うための教育を指します。三鷹市の小・中一貫カリキュラムでは、「問題解決過程の困難に向けて努力し、工夫する力を育成する教育活動」としてキャリア・アントレプレナーシップ学習を位置付けています。

から。できないことをもっと学校側が認識できればいいと思うのです。できる風に装ってやろうとすると、形だけの職場体験学習になってしまうのではないかと思います。

藤原　さて、キャリア教育もやり方はいろいろあると思いますが、「ここが肝です」みたいな部分はいかがでしょうか。

竹原　やはり「何をやるか」ではなくて、「何のためにやるか」、目的をきちんと共有してから取り組むことが大事だと思います。

谷口　私もそう思います。京都大学にもおられた本学の学長が以前、面白いことを言っていました。「塾で偏差値を伸ばすだけ伸ばして疲弊して入ってきた子は、いくら本学に入っても全く社会では通用しない。一方、普通のことをやってきた子は、伸びしろが全然違うし、自分で問いが立てられる」と。新学習指導要領では、ＷＨＹ[19]を大事にしましょう、と言っていますよね。**「問いを立てる」ということの意味が本当に分かると、キャリア教育もスッと入っていく**んです。常に、「どうして?」という問いを自分で立てる。それに対して「自分はどうか」と振り返る。それが大事じゃないでしょうか。

谷口

[19] 新しい学習指導要領では、「何を理解しているか・何ができるか」（Ｗｈａｔ）だけでなく、「理解していること・できることをどう使うか」「どのように社会・世界と関わり、よりよい人生を送るか」（Ｗｈｙ・Ｈｏｗ）なども重視しています。

校長は教員に、「どうしてこういう授業をしているの?」と聞いてみたらいいと思います。そのときに、地域も求める「本校の目的・目標はこれで、そのために育成すべき力はこれだから、私はこういうツールを使ってここに導こうと思っています」と返ってくればマルです。結局、「キャリア教育のためのキャリア教育」ではなく、その学校、その地域が求めていること、「こんな子どもを育ててほしい」という思いのために、学校がどんなエネルギーを使うのかということです。そのためのツールが、職場体験だったり、修学旅行だったりするわけで、そう考えればキャリア教育は絶対に面白いんです。教員がわくわくして動き出せば、地域の力を借りる必要も出てくるはずです。よく「ミーティングする時間がないから、面倒だから地域はいりません」と言うじゃないですか。全く逆で、時間がないからこそ、任せればいいんです。それだけの話です。そこは校長の意思です。校長が教頭や主任クラスに、決済権をどのくらい与えるか。これだけはダメというボーダーラインを明確に示しておけば、それ以外のことは教員が自己判断で動いても構わないという意思表示になります。

キャリア教育は「生き方教育」

四柳　皆さんの話を聞いていて改めて思ったのは、右側に学校、左側に地域社会があり、その間に子どもたちがいて、そこをつなぐためにキャリア教育という「名称」があったとしても、実際にそうした教育の「カタチ」があるわけではないんだなと。子どもたちがこの先の社会を生きていく上で、対応できる力を身に付けていく。その全てが「キャリア教育」なのだと再認識しました。

生重　突き詰めれば、**「みんなお願いだから死なないで、自分らしく生きていてね」というのが、キャリア教育の究極のメッセージ**だと思います。難しく考える必要はないんです。一人一人にそれぞれの生き方があり、お互いを認め合いながら社会の一員になっていく。そのための力を身に付けるのがキャリア教育だと思えばいいんです。変化し続ける社会の中で、それぞれが「どう生きていこうか」と考える。そのきっかけをもらえるのが、キャリア教育なのかもしれません。

問題は、学校教育の中にそれを落とし込んだとき、直接的に関わる先生がどんな立ち位置を取るかです。私は**「指導」はせず、ファシリテートしてくれたらいい**なと考えます。あれこれ指示するのではなく、一緒に伴走しながら、温かく見守ってほしい。

逆に、先生が「教えたがり」だと、子どもの気付きが阻害されます。一人一人の子どもたちに体験の場を用意し、子どもが活動を終えるまでじっと待っていてくれる。そんな先生が増えればいいなと思います。

藤原　まさに、キャリア教育は「生き方教育」ですね。生重さんの話に共感します。「人生100年時代」[20]という言葉を普及させたリンダ・グラットン、アンドリュー・スコットさんは、**自分についての知識や多様性に富んだネットワーク、新しい経験に対して開かれた姿勢など「変身資産」**の重要性を指摘しています。こうした「変身資産」を獲得する上で、それぞれの持ち場で変身し続けている大人との出会いや、社会の中で達成したり、役に立ったりという機会が重要なのだと思います。

生重　だからこそ、社会教育と学校教育が2本柱として連動し合う必要があるんですよね。現状、「総合的な学習の時間」は年に70時間ありますが、そのうち15時間ほどは外に出して、地域と協働しながら行ったり、社会

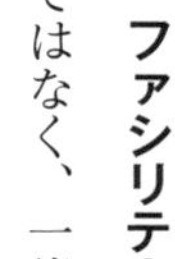

[20] リンダ・グラットン、アンドリュー・スコット著・池村千秋（翻訳）『LIFE SHIFT―100年時代の人生戦略―』東洋経済新報社、2016年。

教育に委ねたりすればいいんです。

沖縄のある高校では、国際理解と伝統文化の継承を目的として、㉑沖縄空手を必修授業とし、生徒たちが地域の人たちと協働しています。また、海外の方を招いて、生徒たちが日常的に英語を話す機会も設けています。さらには地域と協働しながらの清掃活動も行っています。そうして沖縄空手、英語、地域清掃の活動を続けた結果、入学を希望する生徒も増えたそうです。その高校の副理事長は、**「何か一つを極めていくことで、子どもたちは自信を持ち、成長することができる」**と話していました。

谷口　ハンカチの真ん中を持ち上げるように、その子の変わる部分、肝となる部分をスッと引っ張り上げれば、大きく子どもは成長していきます。その意味でも、「この子の肝はここだ」と見極めて、引き上げられるかどうかが大事です。でも、そのポイントは学校の中だけで見ていてもなかなか分かりません。だからこそ、地域とともに協議する場が必要だと思っています。

「うちの学校の生徒はよくあいさつをするでしょう。すごいでしょう」

生重

㉑空手は沖縄が発祥の地と言われています。スポーツとして発展してきた本土の空手と違い、自身を護る護身術、「型」を重視する傾向があるようです。

と自慢する校長がいたとします。それは実は地域の人たちがきちんと指導しているからであって、学校が自慢することじゃないなんていうこともあったりします。もっと広い視野から見ていかなくてはならないと思っています。

生重　強制されなくても自然に出てくるのが本当のあいさつです。感謝の言葉も、日頃から伝えているから、素直に出せるんです。強制からは何も生まれません。このことは、スカートの丈やソックスの色、靴の色などを細かく定めた「ブラック校則」と呼ばれる問題にもつながっていくと思います。そういう状況も含めて、学校関係者には「裁量」「自由意思」「自己判断」という視点から、子どもたちと接してほしいですね。

PART 3

連携・協働の視点②
場づくり
―会議にはない可能性―

このPARTでは、
学校と地域社会の連携・協働において
「場づくり」がいかに大切であるか、
そして、その際にどのような条件整備や
心得が必要なのか
について話し合います。

洗練された雰囲気を持つ「場」づくりの達人
竹原 和泉さん

東山田中学校コミュニティハウス設立の経緯

藤原　学校と地域・社会をつなぐためのツールは多岐にわたりますが、人が集い、学び合う空間としての❶「場」の重要性が認識されるようになりました。竹原さんは、長らくそうした場づくりに取り組んで来られましたが、その経緯等について少し詳しく教えてください。

竹原　❷東山田中学校コミュニティハウスが、どのような経緯でできて、どのように学校と地域をつなげてきたかについてお話しします。東山田中学校は、ニュータウンの人口増加によって2005年度に開校した学校です。当時はちょうど、コミュニティ・スクール制度ができたばかりでしたので、横浜市教育委員会の方針として、東山田中学校をコミュニティ・スクールとして開校しました。その学校の中にコミュニティハウスが併設され、私は館長として11年間、学校と地域を結ぶ活動をしてきました。

　1990年、横浜市でスタートしたコミュニティハウスのコンセプトは、「地域活動の場」「生涯学習の場」「学校と地域を結ぶ場」というも

藤原

❶2015年12月21日にとりまとめられた中央教育審議会「新しい時代の教育や地方創生の実現に向けた学校と地域の連携・協働の在り方と今後の推進方策について（答申）」においても「学校施設の積極的な開放等による地域の学び・集いの場づくりの推進」について述べています。

のです。ただ、当時は誰もそのことを理解しておらず、「地域が安く使える貸館」的な位置付けに成り下がっていました。そうした状況がある中で、「東山田中学校は、特に学校と地域を結ぶ場としてしっかりと機能させたい。そのために館長をやってほしい」と区役所の担当者から頼まれ、教育長からもエールをいただく形で着任しました。

藤原　最初は、どんなことから着手されたのでしょうか。

竹原　館長として最初の仕事は、テーブルやパソコンなどを発注し、施設のハード面を整えることでした。その際、**きちんとハードを整えることがソフトの充実にもつながる**と考え、12人が座れる大きな楕円形のテーブルや中庭に置くパラソル、カフェテーブルなどを購入しました。そうした場づくりによって、町内会の人が談笑したり、子育て中のお母さんが集ったりと、出会いが生まれると考えました。

　この場所が果たす機能として、私は三つの柱を考えました。**一つ目は空間を提供すること**です。赤ちゃんからお年寄りまで、用があってもなくても気楽に集える場所があることで、人と人がつながり、学校と地域がつながると考えました。そのため、とにかく居心地の良い空間をつく

竹原

❷横浜市が設置する「コミュニティハウス」は、学校と地域をつなぐための施設であり、学校の空き教室などを使用して、学校内に設置されました。東山田中学校の場合は新設校だったため、予めコミュニティハウスとしてのスペースを組み込む形で、校舎が設計されました。

中学校の中庭に面した東山田コミュニティハウスの配置図

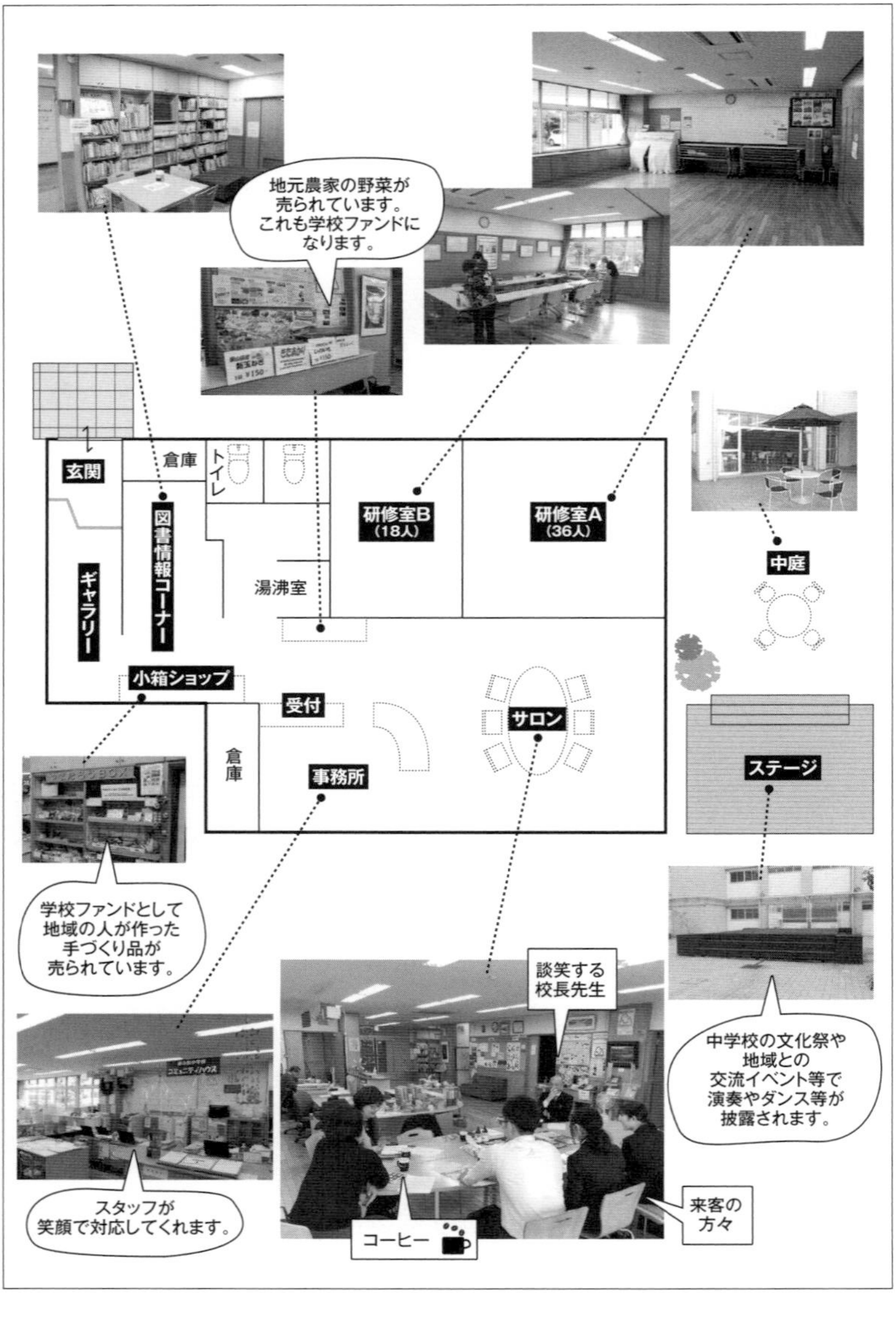

ることに腐心し、❸コーヒーメーカーを置くなどしました。また、利用時の細かいルールは作らず、「みんなの施設をみんなで使う」ことを小さい子どもからお年寄りまで徹底しました。例えば、お弁当をケータリングする人もいれば、大学生のグループがラーメンの出前を取るといったこともあります。もちろん、飲食をメインの目的とした利用はNGですが、それ以外は基本的にOKです。過去には「中庭で流しソーメンをしたい」とか「子どもたちに豚汁を提供したい」とかいうのもありました。近くに特別支援学級の厨房があり、そこを使わせてもらうこともあります。

二つ目は事業をすることです。事業をすることによって、そこに小さなコミュニティが生まれ、自主的に動き出すと考えました。実際に、絵手紙講座や習字講座、コーラス・子育てグループなど、たくさんのグループが誕生しました。

三つ目はコーディネートすることです。学校と地域をつなぎ、2008年度からはここが❹学校支援地域本部となって事務局を置き、小学校3校と中学校1校の、コーディネートを行ってきました。現在は

竹原

❸当初は「どうしてそれが必要なのか」との声もありましたが、そこに滞在してもらう上でも必要だと考えました。飲み放題で100円の寄付をいただき、会計監査も受けています。

❹地域住民等が、学校の教育活動を支援する組織として、2008年に制度化されました。学校からの依頼・要請に応じて、学校支援地域本部のコーディネーターが、教育ボランティア等につなぎます。

「支援」から「協働」へ、そしてネットワーク化が打ち出され「❺地域学校協働本部」と名称も改め、月に1回はコーディネーターミーティングを重ねています。最初は私一人でやっていたことが、数年のうちにコーディネーターズとなり、チームとして活動できるようになりました。

開館して間もない頃、コミュニティハウスを構想し、設置に関わられた方で、当時教育委員会にいらした❻高井禄郎さんが訪問してくださり、「僕がつくり、君が魂を入れた」と言ってくださいました。「ああ、これでよかったんだ」と、本当にうれしく思ったものです。それから1～2年かかりましたが、学校と地域をつなぎ、コミュニティ・スクールを推進するには、こうした場が不可欠なんだということが、ようやく皆さんにも理解してもらえるようになりました。

藤原　最初の頃、学校との距離を縮めるのに、ご苦労はなかったのでしょうか。

竹原　設置して間もない頃は、あえて私からはアプローチしませんでした。**ただただ、地域の方や先生方と仲良くなることに心を砕いた**んです。すると皆さん次第に、ここに来ておしゃべりしてくださるようになりまし

竹原

❺幅広い地域住民・団体等がネットワークを形成し、地域学校協働活動を推進するための組織として、2015年の中央教育審議会答申で提言された組織です。生涯学習政策局と初等中等教育局がまさに協働的にまとめたもので、私は両局の委員を務めていました。

❻横浜市の職員で、生涯学習の振興等に長く携わり、区長や局長なども務められた方です。

た。

学校の教育活動における最初のコーディネートは、1年目の11月頃でした。副校長先生が「初めての卒業式、修了書に毛筆で名前を書いてくださる人を探しているのですが、地域にお習字の先生とかいらっしゃらないですか？」と尋ねて来られたのです。もう、心の中で「待ってました！」と叫び、すぐにコミュニティハウスで習字を教えていらした方を紹介できました。次に、「来年度からキャリア教育が始まるので、❼地域のプロフェッショナルを16人ほど紹介してもらえないでしょうか」という話が来ましたが、これもすぐにキャリア教育担当の先生に紹介することができ、担当の先生と地域を回りました。すると今度は、家庭科の先生が「生徒に赤ちゃんを実際に抱っこさせたい」と相談に来られました。そうして次々と学校から相談や要望が来るようになったんです。

館長として着任するとき、私の中には学校と地域がどのように連携・協働するか、具体的なイメージが明確にありました。でも、それは口に出しませんでした。**ひたすら醸成されるのを待ち、学校からの声を待ちました**。皆さんから、「竹原さんにしては、よく待てたね。偉かったね」

❼初年度は地域のトマト農家、建築関係、医師、パティシエなどの方々が集まり、各教室に分かれ、子どもたちにご自身の仕事やキャリアについて語っていただきました。

と褒めてもらいました。

生重　そこが極意なんでしょうね。相手にああだこうだと押しつけがましく言わない。空間を作って待つ。

四柳　時間がかかるという意味では、❽三鷹市もコミュニティ・スクールになって10年以上がたちました。初めの頃は、地域の人間が学校に行っても、先生方と明るくあいさつをし合える感じではなかったかもしれません。今は、少なくともそんな先生はいなくなりましたが。

藤原　一方で、地域の人たちとは、どのように関わられたのでしょうか。

竹原　地域に対しても、最初から学校との連携の在り方ついて理想像を語ることはしていません。学校から依頼があるたびに、一つ一つ丁寧につなぎ、地域との接点をつくっていっただけです。やがて教職員・保護者・地域の人が合同研修や熟議をするようになりました。日常的に地域の人が出入りし、サークルが増えたり、ネットワークが広がったりしていきました。地域とともに授業ができた時など、先生と「小さな成功体験の共有」ができたことが推進力になりました。

四柳

❽三鷹市では、2006年度の3校を皮切りに、2008年度までに市内の全小中学校22校がコミュニティ・スクールに指定されました。

「箱」ができた後は、「魂」を入れることが大切

藤原　学校に対しては、地域の側から強制をしないこと、そして気軽に頼ってもらえるような環境・信頼関係づくりをすることが大事なのですね。一方で、校長が教員に地域連携を打ち出す際も、注意すべき点がありそうです。森先生、いかがでしょうか。

森　本校も❾２０２０年４月からコミュニティ・スクールとなりました。でも、竹原さんの話にもあったように、初っ端から理念とか理論とか「こうあるべき」みたいな話をすると、聞いている教職員はもちろん、地域の人たちの目もどんよりするんです。

大切なのは、やはり実感です。学校には「教員ではない人や地域の人に、あまり口を出してほしくない」という空気が長くありました。でも、もうそんなことは言っていられません。**最初は消極的でもいいからとにかく接点をつくって、「やってみたら楽しかった」という実感を得ること**が大事だと思います。例えば、教職員が地域のお祭りに参加して、カレーの屋台で売り子をしたとすれば、わずか２~３時間でも地域の方と

森

❾本校の校区には街づくりや子どもの健全育成に意欲的な人がたくさんいます。小樽市には公民館がないこともあり、地域の社会教育的な拠点としても、コミュニティ・スクールを設置することの意義は大きいと考えました。

の関係性が築かれるんです。すると、今まで感じていた「面倒くさい」という負の感情が、すっとなくなります。そうした実感の積み重ねが、理念や理論を語るより大事だと思います。

四柳　**たとえ箱ができても、そこに魂が入っていないと、コミュニティ・スクールは機能しません**からね。やはり竹原さんのようにビジョンを持った人が地域側にいるか、あるいは森先生のように理解のある校長先生が学校側にいるか、どちらかに「仕掛け人」が必要なのだと思います。

生重　初期段階では行政サイドがきちんと予算化して、事業が回るようなシステムをつくる。次なる段階で、そこに「人」という魂を入れていく。そうしたプロセスが必要なのでしょうね。

竹原　やはり**志のある人を配置することが大事**だと思います。

森　まず、行政の担当者自身が、そのコンセプトを理解し、志を持ってほしいと思います。

竹原　確かに、行政職員の中には、理解が不十分な人もいますからね。特に、ハードを作るときは管理主義的になるんです。「防災計画はできていますか?」とか「人権教育はしていますか?」とか「開館時期に間に合い

▶地域の多様な人たちが集う東山田中学校コミュニティハウス

ますか？」とか、そんなことばかり聞いてくる。もちろん、そうしたことも大事でしょうが、どんな活動をして、何を目指しているかにも関心を持ってもらわないと困ります。

生重　自治体の事業計画には、必ず数値目標がついてくるじゃないですか。1年目の利用者数が何人で、2年目以降はそれに少しプラスして何人…と。でも、**それだけでは、本質的な価値は測れない**気がします。

竹原　講座も利用者数だけを重視すれば、人気講座ばかりが開設されてしまいます。例えば、フラワーアレンジメント講座を300円で開けば、人は集まりますよね。でも、そこだけを目指せば、コミュニティ・スクールの本質的な価値は損なわれるように思います。

生重　そうして趣味的な安い講座ばかりが並んで、結果として衰退してしまったら本末転倒ですよね。

森　竹原さんは、学校との連携において苦労したことはなかったんでしょうか。例えば、学校が全く興味を示してくれないとか、校長がかわった途端に、今までやっていたことができなくなったとか。

竹原　おっしゃる通りで、新たに着任した校長が突然、「僕は、環境教育をやります」とか言いだすこともありますからね。やはり**持続可能な仕組みをつくっていく必要がある**と考えています。学校の良いところを継承できて、⑩文化を伝えられるのは、やはり地域だと思うんです。

東山田中学校の場合、毎年4月に「新たに異動して来た先生や新任の先生たちに向けて、コミュニティ・スクールとしての活動について、説明してほしい」と学校から頼まれ、新年度の最初の日に1時間の研修をしています。多い年は20人近くが入れ替わりますが、「この学校はこういう学校で、こんな風に地域と一緒にやって来ました。皆さんがやってみたいことを実現するために、私たちはいくらでも協力しますし、情報網も持っています。どんなことでも相談してください」と話します。すると、実際にいろんな相談に来てくれるようになります。何より白紙の段階で、情報提供できている点は大きいと思います。途中段階でいくら説明しても届かないでしょう。新年度すぐにというのはある校長の希望で、そうでないとうまくいかないというご経験があってのことからです。

藤原　長年の活動を通じ、先生方の意識も変わってきたという実感がおあり

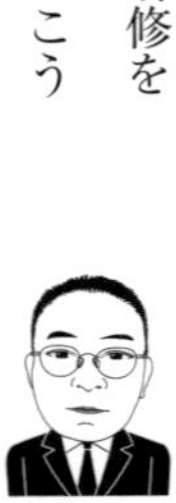
藤原

露口健司「リーダーシップ効力感」同著『学校組織のリーダーシップ』大学教育出版、2008年、222~250ページでは、カリキュラムは各学校の教育実践の集積によるものであり、カリキュラムの特色化に対してモチベーションの高い校長は教師に対してリーダーとして認知されにくく、校長は漸進的にカリキュラム改革を進める姿勢を示し、校長だけでなく教職員もリーダーシップを発揮できる形で進めることが重要であることが実証的に示されています。

ですか？

竹原　それは確かに、ありますね。学校運営協議会として、経験年数は少なくてもいいのでコミュニティ・スクールに熱意がある人、関心がある人を入れてくださいと⓫意見具申に必ず書いていますので、最近はそうした人が入ってくるようになりました。

評価から離れた「場」の重要性

藤原　コミュニティハウスという場ができたことで、子どもたちに与えた影響も大きかったんじゃないでしょうか。

竹原　以前、中学校にやんちゃで手に負えない男の子がいたんですが、卒業直後の5月に、コミュニティハウスにふらりとやって来たことがあります。その子は、「駅に降りたら、自然と足が向いちゃったんだ。元気がないんだよ」と言って私の目の前でうなだれ、「この学校は僕がいなくなって平和になったでしょう」なんて、元気なくつぶやくんです。私は目の前のその子の頭を何度もなでたことを思い出します。そして、しば

竹原

⓾全国のどの学校も、多くの場合、管理職は3～5年、一般教員は5～6年で異動します。そのため、6年ほどすれば、ほぼ全ての教員が入れ替わることになり、その意味でも学校だけで「地域文化の伝承」をするのは難しい側面があります。

⓫コミュニティ・スクールでは、学校・保護者・地域住民の代表から成る学校運営協議会が、教職員の人事に意見具申をすることができます。

らくして落ち着いたところで、「先生に会いにいってごらんなさい」と言うと、「先生、いるかな…」と言いながら、職員室へ向かったんです。**たぶん、直接は足を運べなかったんだと思います。コミュニティハウスがあったから、戻って来ることができた。**

森　それは、コミュニティハウスが、「評価」から離れた場だからだと思います。子どもたちに「学校の中で好きな場所は？」って聞くと、保健室だったり相談室だったりするんです。つまり、**評価から離れてフリーになれる場所。その上、いつもオープンで、誰かがいる場所。そうした「場」があるのはとても重要**です。

生重　確かに、「評価されない場」というのは大切ですよね。先生も保護者も評価者ですから。子どもはその圧力から逃れたいんだと思います。

竹原　これはある先生のつぶやきから始まったことなのですが、東山田中学校では高校受験前の模擬面接も、⑫地域の人に面接官役をお願いしています。評価もしない、何も知らない人がやるからいいんです。子どもにとっては、自分の成績も素行も知っている人が面接するのと、そうじゃなくて何も知らない人がするのとでは、まったく状況が違ってきます。

竹原

⑫地域には、企業や役所等で面接の経験がある人がたくさんいます。そうした人に質問項目が書かれたペーパーを渡し、「この中から聞いてください」とお願いをしています。当初、学校側はコミュニティハウスがそうした人を集められるのかと心配し、途中で「無理はしないでください」と私に言ってきました。その時点ですでに30人が集まっていて、そのことを伝えるとものすごく驚いておられました。直接中学生と関わった方はいざという時、確かな応援団となってくださいます。

そうして面接官役をしてくれた人の中には、「僕のところにだけ、良い生徒を集めてくれてありがとう」と言う方がいます。実際には、そんなことはしてないのですが、生徒たちも初対面の人の前では、緊張感を持って礼儀正しく振舞うのでしょう。いつも先生から怒られてばかりの生徒が模擬面接後に、「座り方だけ直せばいいって言われた」とうれしそうに報告してくれたこともありました。

一方、面接官を務めてくれた地域の人が、顔を紅潮させながら、生徒たちのことを褒めてくれることも珍しくありません。こうした取り組みを通じ、**地域の人たちの中学生に対する印象も変わってきている**ように思います。

森　高校受験の面接について言えば、教員自身がよく理解していないこともあります。例えば、教員に面接のマニュアルを作らせると、今どき絶対にこんなことは聞かれないだろうというような質問が入っていたりするんです。

以前、ある高校の先生が、「中学校がデタラメな面接指導をするおかげで、高校は大迷惑を被っている」と話されていました。想定問答集みたいなものを作って、子どもたちがそれを暗記してくる上に、回答そのものが嘘だったりするんだそうです。もし、そんな面接で合格すれば、子どもは世の中を軽く考えてしまうでしょう。口先だけで切り抜けられると。そうした認識のまま、高校卒業時の就職試験に臨んだら、もう致命的です。だから、その先生は「中学校は何もやらないでほしい」と話していました。

私は、**「面接は一生もの」**だと子どもたちに伝えています。高校入試でも、バイトの採用でも、進学や就職でも、面接がある。就職してからも昇進の際などにはあるだろうし、自分が親になって子どもが受験するときもある。高齢になって、施設に入るときですら、面接があるんだと笑いながら話しています。だから「面接を甘く見ないで」と。

生重 そう考えても、学校は地域で担ってもらえることは積極的に手放していった方がいいんですよね。

藤原 生重さんも、やはり学校の中に、地域の人が集える場・空間があることが大切だと思われますか?

生重 そうですね。2002年に杉並区では、日本初の「学校教育コーディネーター」という制度を設け、４人が任命されました。その際、一番良かったのは、ＮＰＯ法人という外部組織のための部屋を学校内に作ってくれたことです。５年間だけでしたが、そのおかげで**子どもたちとの距離は縮まりましたし、先生たちの居場所、逃げ場所にもなっていた**ように思います。

森　評価されることからフリーになれる場所は、子どもも大人も必要なんですよね。そういう場がある学校には、卒業生もかなりの確率で戻って来てくれるように思います。

余談ですが、かつて私が受け持った生徒の中に、よく悪さをする子がいました。いつも取っ組み合いのけんかをして、私が止めに入ると「卒業したら、二度とこんな学校に来るもんか！」と言われました。でも、卒業するときには後輩の悪童たちを集めて、「いいか、この先生には逆らうんじゃないぞ」と言い残していったんです。その後、新学期が始まってすぐの頃、バイクの音がしてその子が来ました。「あんた、二度と来るもんかって言ってなかった？」と聞いたら、「いいじゃん、先生さあ」って（笑）。

生重　森先生みたいに「港」になれる人がいれば、子どもたちは戻ってきます。でも、**残念ながら学校の先生は異動しますからね。すると途端に、「港」がなくなってしまう。**

森　だからこそ「場」が必要なんですよね。子どもだけではなく、大人にとっても。

カリキュラムづくりにも地域が関わる時代

竹原　地域と学校の連携を進める上で、今はカリキュラムにまで踏み込み、皆で考える時代に来ているんじゃないかと思います。新潟県上越市の学校は「⑬視覚的カリキュラム表」というものを作成しており、例えば市立春日小学校では、**学校運営協議会でその中身についての検討まで行っているん**です。前期が終わると、「これはできるんじゃない？ここにこんな人がいるよ」などという地域の声を踏まえ、後期のカリキュラムを一部作り直すんです。そんなことを各地で話すと、「うちでもやってみようかな」と言う人がいます。でも、カリキュラムを考えるというのは、

竹原

⑬教科学習を含め、全ての年間指導計画が一目でわかるようにした表で、学校のグランドデザインを教職員が共有するためのものです。

藤原

２０２０年度から順次実施されている学習指導要領では、子どもたちの資質・能力を育むため、「各学校においては、児童や学校、地域の実態を適切に把握し、教

コーディネーターだけの力ではできません。やはり、みんなで集まってああでもない、こうでもないと話し合う必要があります。そして、その際にはやはり空間が必要です。

生重　やはり同じテーブルに着くことが大事ですよね。

四柳　加えて、**そうした空間が校長室や応接室ではなく、いつでも誰でも集まりやすい場であることが理想的**ですよね。

森　地域と学校の協働を進めていこうというとき、地域だけで何かをやったり、あるいは学校だけで何かをやったりするのは比較的簡単です。でも、その両者が一緒にやっていくとなると、なかなか難しいものがあります。

竹原　スタートは情報の共有からです。そこからミッションを考えたり、ニーズや課題を考えたりした上で、次にアクションを起こす。ところが、地域と学校の連携となると、往々にして「何かしなければ」と最初からアクションに飛びついてしまいがちです。その点が課題です。

生重　やりたがる人が多いんですよね。「私は環境問題をやっているから、ぜひ環境のことをやらせてくれ」なんて言ってくる人もいます。

育の目的や目標の実現に必要な教育の内容等を教科等横断的な視点で組み立てていくこと、教育課程の実施状況を評価してその改善を図っていくこと、教育課程の実施に必要な人的又は物的な体制を確保するとともにその改善を図っていくことなどを通して、教育課程に基づき組織的かつ計画的に各学校の教育活動の質の向上を図っていく（以下「カリキュラム・マネジメント」という。）に努めるものとする」と述べています。田村学「カリキュラム・デザインが創造する「主体的・対話的で深い学び」」同編著『カリキュラム・マネジメント入門』東洋館出版社、2017年、12〜52ページでは、カリキュラム・マネジメントを「カリキュラム・デザイン」「PDCAサイクル」「内外リソースの活用」といった三つの側面で分かりやすく表現しています。

竹原　**アクションに飛びつく前にミッションが必要であり、その前に情報が⑭共有されている必要がある**んです。

森　本当にそこが大事ですよね。しかし、「地域と学校はミッションとビジョンを共有する必要がある」と言っても、その具体案がなかなか出て来ません。

四柳　そう。具体的にどうしたらいいかが分からない。頭で理屈は分かっていても、どこから着手したらいいのか、「はじめの一歩」が分からないという声をよく聞きます。

生重　全部やろうなんて最初から思わなくていいんです。二つでも三つでも確固たるものがあれば、そこから学校と共有できるポイントをつくっていけばいいと思います。

藤原　そのためにも、やはり「場」が必要なのでしょうね。

生重　「地域学校協働本部」をつくる際、「どこに本部を作るんですか？」という質問が多いじゃないですか。それに対して、「違います、緩やかなネットワークです」と文部科学省は答えます。でも、その「緩やかなネットワーク」というのが、なかなか分かりづらい。本部と言っている

竹原

⑭東山田中学校区では、9年間の地域との学びを可視化した「やまっぷ9」を作成しました。これは「社会に開かれた教育課程」の具体的推進のヒントになっています。

から、どこかに拠点があって人員がいて、受付があって…と思ってしまうんでしょうね。でも、そのイメージは意外と大事かもしれません。やはり**人が集まれる場があってこそ、人と人との交流が生まれ、情報も共有される**一面があります。その点で、東山田中学校のやり方は、今後の大きな手本になると思っています。

人が集まり、情報が行き交うプラットホーム

藤原　コミュニティハウスという場があることで、地域の人たちも学校を訪ねやすくなったのではないでしょうか。

竹原　そうですね。「何かやりたい」「こんなことができないだろうか」ということも、**職員室や校長室に行く前に、皆さんコミュニティハウスに来て、お話しになられます**。

例えば、ある若い社長さんが、ひょっこりコミュニティハウスに来られて「地域のために何かやりたい」と話されたことがあります。最終的にはそれがきっかけで、地域にある準工業地域防災マップが作られまし

た。中学生が夏休みのボランティア活動として、地域にある76の会社を回り、消火器やAED、医薬品、防災グッズの調査をし、どんな事業をしているかをヒアリングするなどしてまとめました。⑮一企業の社長の思いと中学生がつながらなければ、これだけの調査はできなかっただろうと思います。これもコミュニティハウスという場があったから、生まれたものです。**企業の人が漠然と「何かやりたい」と校長室に行っても、迷惑がられる**だけですからね。この空間が生きているなと思うのは、そうした瞬間です。

生重　人との出会いの場ですよね。

四柳　**きちんとした事業や取り組みになる前の、ちょっとしたやり取りや雑談って大事**ですよね。そこから何かが生まれたり、形になったりしていくんだと思います。

生重　最近はあまり使われなくなった言葉ですが、いわゆる「プラットホーム」なんですよ。みんなが何となく集ってきて、対話が生まれ、人と人のつながりが広がっていくんです。

竹原　たとえすぐに形にならなくても、そこに情報が溜まるんですね。そう

竹原

⑮この防災マップづくりが出発点となって、その会社はショールーム兼コミュニティカフェを開設し、現在は「横浜型地域貢献企業」として最上位認定を受けています。

すれば、いずれ何らかの形になります。なので、小さくてもいいので、空間はあった方がいいと思います。

生重　**そうした取り組みを周囲に「見せる」ことと、オフィシャルな研修の両方をやらなきゃダメ**というのが、竹原さんといつも話していることです。1回や2回、ワークショップをやっただけじゃダメ。10時間から15時間、何度も何度も自分たちで自己研鑽して、お互いがやっていることを確認し合う。そうやって、人が育つ場を作らないといけません。コミュニティハウスの人たちは、そこでの雑談自体が研修になっているんだと思います。

竹原　だから、コーヒーを飲めるようにしたんです。100円の寄付で飲めるコーヒーがあれば、「滞在型」になりますからね。そうでないと、本を借りにきて、受け付けをして2～3分で帰ってしまいます。そういった視点からの空間づくり、環境づくりはとても大事です。

また、**どんなに忙しくても、人が来たときは必ずあいさつすること**をスタッフと共に大切にしました。施設について、教育委員会に寄せられるクレームで多いのが「無視をされた」とか「目を見て話してくれなかった」とかいうものです。私も一度、「最近、竹原さん忙しそうでしゃべってくれない」ってぼやかれたことがあります。全然気が付いていなかったのですが、これはまずいと思い、それ以降は気を付けるようにしました。その方にとっては、月に数回しか来られないわけですから、がっかりしちゃうんでしょう。何気ない話を重ねるうちに、つながりが深くなっていきますね。

四柳　地域の活動は、個人のつながりとか関わりで成り立っていたりするので、そういうところが難しいですよね。

生重　竹原さんのところがうまくいっているのは、きちんと次の人を育てているからです。竹原さん自身が、ずっとそこにいるわけにはいかないから、**持続可能にしていくためには、次の人、次の人と回していく必要があります**。そこが課題ですよね。

竹原　そのためには、「コーディネーター」ではなく、「コーディネーターズ」にしなきゃダメです。一人じゃ無理。チームにしなきゃいけません。

生重　そして、別に竹原さんのコピーをつくる必要はなくて、自分なりのやり方でやればいいんです。ただ、さっき話にあった「人が来たらちゃんとあいさつしてね」とか、大事なことだけ共有すればいいんです。

竹原 文化って崩れるのが早いから、きちんと伝えていくことが大事です。

生重 良い校長先生が来て改革が進んでも、その校長先生が3年で異動して、また元通りに戻ってしまうこともあります。**そういうことが起きないようにするための仕組みが、コミュニティ・スクール**なんです。そして、それを支える人的ネットワークを築いていくためにも、やはり安心して集える「場」が必要なのでしょうね。

文部科学省も県教委も、地域学校協働本部はネットワークであり、拠点を置くことではないとの考えを示していますが、やはり**「場」を作ってプラットホーム型にしていく**方がいいんじゃないかと私は思います。学校に外部の人を入れたくないとの考えが、いまだに残っているのかもしれませんが、地域の人たちが集える場があれば、子どもたちもそれを自然体で受け止め、社会性も育まれます。そうして子どもたちが変わっていく姿を見れば、先生たちも変わっていくと思うんです。やはり、集える場があった方がいいですよね。

竹原 「場」の持つ力と必要性は、もっと主張していきたいと思います。

２０１５年12月に出た中教審の答申の中に、⑯「場」に関する記述が入ったんです。これは画期的なことです。人と情報がつながり日常的に学校と地域の信頼関係を構築し、会議にはない力があります。また、**学校は防災の拠点でもあるし、まちづくりの拠点にもなり**、まさにこれからはそうした考えが大事になるだろうと思いました。

四柳　今後はそうした「場」の具体的なイメージが、もっと語られるといいですね。

竹原

⑯「第３章 地域の教育力の向上と地域における学校との協働体制の在り方について」の中に、「活動場所の確保等」として、「その趣旨、内容に応じて最も適切な活動場所を確保することが求められる」との記述があります。

PART 4

連携・協働の視点③
防災
―学校と地域をつなぐツール―

このPARTでは、
学校と地域をつなぐ重要なツールである
「防災」にスポットを当て、
どのような視点の下で、
どのような取り組みが必要なのか
について話し合います。

「ママ友」と共にチャレンジし続ける
四柳 千夏子さん

3千人近くが集う学校・地域合同の防災訓練

藤原　学校と地域をつなぐツールとなり得るものの一つが、「防災」だと思います。谷口先生は、宮崎県の中学校で地域と協働した防災訓練を実施されてきましたが、そのことについて少し詳しく教えてください。

谷口　東日本大震災の後、「防災」が学校教育のキーワードになりました。全国の学校では現在でも、定期的に避難訓練をやっていますが、**果たしてきちんと意味のあるものになっているのか。ただなんとなく、惰性でやっている学校も少なくない**ように思います。

私は、防災訓練こそ地域とともにやるべきだと思っています。私が2019年3月まで校長をしていた延岡市立南中学校では、校区内の2小学校とともに防災訓練を行い、実に❶約3千人近くが参加しました。

地域が最も望んでいるのは、若い親御さんたちとのつながりです。ところが、地域側から何を仕掛けても、なかなか出てきてもらえないという話もよく耳にしました。青少年の問題を考える協議会の関係者の方も、「もっと保護者が出てきてくれるといいのに」と嘆いていました。

谷口

❶当時、延岡市全体で実施する防災訓練でさえ、2千人くらいしか集まらなかったため、この人数が集まったことは大いに驚かれました。

▶延岡市立南中学校が校区の2つの小学校と合同で実施した防災訓練

でも、話が防災となると無視できません。そのため、学校がそこに全面的に関わることにし、その結果、子どもが出てくるようになり、保護者も出てくるようになりました。そうしてコミュニケーションが取れるようになり、朝の安全活動で見守ってくれている人と親御さんがつながりました。結果的として、**防災訓練が災害対応だけにとどまらず、地域内の顔が見える活動、コミュニティを再確認できる活動になっていった**んです。「❷子どもが小さいうちはいいよ。でも、子育てが終わったら頼むよ」という地域側の認識も共有されました。そこが一番大きかったですね。そうした人間関係が生まれたのは、とても素敵なことでした。

同様のことは学校の中でも言えて、子育てで大変な「お母さん先生」に無理をさせず、「やれるときになったら頼むから、今は私が頑張ります」といった声掛けができるようになりました。

生重　東日本大震災の時、地域との連携が進んでいた学校は、避難所の設営や運営もスムーズだったと聞いています。地域による支援体制が整っている学校では、地域の人が「先生、まずはご自身の家族の安否を確認してください。その後に、ここへ戻ってくればいいですから」と言ってく

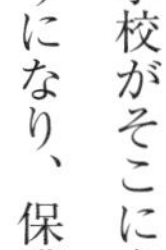
谷口

❷子どもが小学生のうちは、地域とのつながりよりも学校とのつながりが中心で、地域の自治会などの活動には参加できない保護者が少なくありません。子どもが巣立った後に参加できればよいのですが、そもそものつながりが薄いと、それも実現しません。

れたそうなんです。でも、支援体制が整っていない学校の場合は、先生がずっと学校に居続けて、身内の安否確認ができなかったと聞きます。このように、**学校と地域の連携が進み、地域が学校を支えようとしている学校ほど、自律的な避難所運営がなされていた**ように感じます。

竹原　学校が避難所になるとき、実行委員会みたいなものを地域と一緒につくりますよね。本当は共同でつくっているはずなのに、形骸化していて、学校中心でやってしまうケースもあります。でも、**本来は学校だけが担うものではないですし、地域だけが担うものでもない**。まずは、その役割分担をきちんと確認する必要があります。

四柳　三鷹市にも避難所運営マニュアルはあります。例えば、小学校が避難所になった場合、誰がどんな役割を担って、どこの教室を住民に開放して、そこはこんな使い方をするといった具合に、一応は決められています。それを作ったのは、避難所運営連絡会という組織です。三鷹市の防災訓練は、住民協議会ごとに置かれたこの自主防災組織が主催することになっていて、そこが中心となって作りました。ただ、毎年度その確認をしたり、見直したりといったことは、十分にできていません。

谷口　学校が避難所になった場合、以前ならば校長や教頭が学校に張りついて、体育館や教室を開けていました。でも、今ではそういったことは、ほとんどありません。確か阪神・淡路大震災のとき、教員に大きな負荷がかかったことで、見直しが図られたと記憶しています。そういった整理は、どこの自治体でも進んではいると思います。でも、いざとなると学校や先生は頼られるんですよね。

竹原　「誰かがやってくれるだろう」という意識の住民ばかりだと、うまくいきません。「自分たちでやろう」という意識が必要です。行政は部分的には担いますが、全部を担うわけではありません。そうした意識を改革していく必要があります。

谷口　おっしゃる通りですね。先述した3千人規模の防災訓練も、**「誰かがやってくれるという考えはやめましょう」という趣旨で実現した**んです。この訓練では、学校ではなく公民館単位で避難をしてもらいました。その方が、地域ごとで分かりやすかったんです。

でも、これをやり始めたら一つ、面食らったことがありました。実は、当時勤務していた中学校区では、❸京都で集団登下校時に大きな事故が

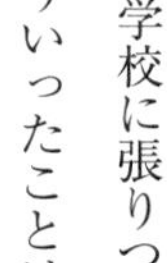
谷口

❸2012年4月、京都府亀岡市で集団登校中の子どもたちの列に自動車が突っ込み、3人が死亡、7人が重軽傷を負ういたましい事故がありました。これを機に、集団登校を控える動きが全国各地で起こりました。

あったことを契機に、どの小学校も個別に登下校をしていました。でも、これが避難をするときに、すごくマイナスになる。誰がいて、誰がいないのかが分からないからです。やはり集団での登下校の方が、圧倒的に把握しやすいですね。ただ、津波のようにそれぞれで避難すべきときがあるのも事実です。

生重　杉並区では、小学校と中学校、両方にお子さんがいる家庭は、まず中学校に保護者が迎えに行き、その後、小学校に迎えに行くという避難訓練を年に1回実施しています。

谷口　南中学校の場合は、同じ校区に中学生と小学生が兄弟でいる場合、兄が弟を迎えに行き、集合場所まで一緒に行くようにしました。

生重　東日本大震災以降、同じようなことが、結構全国で行われているんですね。ただ、日本の場合、**「喉元過ぎれば熱さを忘れる」のか、時間の経過とともに危機意識が薄れていく**傾向があります。自治体によって状況が異なるとは思いますが、防災システムがきちんと機能するように、学校と地域で年に最低1～2回は話し合いをした方がいいんじゃないでしょうか。そうすれば、いざという時に現場が混乱しなくてすみます。

防災訓練を通じて、学校・地域の相互理解が深まる

藤原　森先生のいる北海道でも、3年ほど前に大きな地震がありましたよね。当時の状況を少し教えてください。

森　２０１８年9月に起きた❹北海道胆振東部地震ですね。地震発生時刻は午前3時過ぎで、発電所の設備が破損したため、私が住む小樽市も地震発生から15～20分後には停電で真っ暗になりました。朝になっても復旧せず、信号が止まり、公共交通機関もストップしました。そのため、遠くから通っている職員には、無理をして出勤するなと伝えました。

　小樽市では家屋損壊などの大きな被害が出ていなかったので、すぐに避難所の開設はしませんでした。もし、開設するにしても校長や教頭が遠くから通っている場合は、対応できません。そのため、近隣に住む行政職員が担当するようになっています。しかし、担当の行政職員だけでは足りません。必要なのは、その先のことなんです。

竹原　横浜市では、地域防災拠点運営委員会のメンバーの町内会の人が、学校の鍵を持っています。そうしておかないと、先生は夜中には駆けつけ

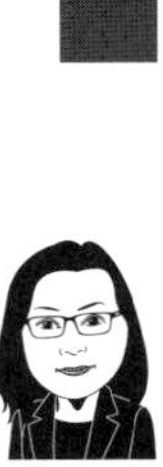
森

❹マグニチュード6.7、最大震度7の大地震で、死者は43人、負傷者は782人に上りました。私が居住する小樽市は震源から離れていたので、直接的な被害は大きくありませんでした。ただ、電気が止まってしまったので、学校は3～4日にわたり休校にせざるを得ませんでした。

られませんからね。

谷口　南中学校も、地域の人が持っていました。それも避難訓練を一緒にやり始めてから初めて知ったことでした。学校の場合、非常事態のときは、「ここのガラスを割って中に入ってください」と明示してあります。

ただ、南中学校はすぐ横が❺日向灘に面していて、一見すると「果たしてここが避難所でいいの？」と思うような所に学校が建っているんです。ちょっと地形的に不思議な所で、海に近いけれども、実は少し小高い丘の上にあって、海抜的には周辺よりも高い。つまり、一見危険そうで、実は安全な場所なんです。そうした情報も、地域の人と話さないと分かりません。

生重　机上では分からないことも、地元の人は知っているはずです。日頃から話し合いの場を持っていれば、お年寄りの経験値なども踏まえて、「こちらの方が安全」と言えるんですよね。

藤原　四柳さんは、防災訓練にことさら熱心に取り組んで来られましたが、学校との連携において、苦労されたことはありませんでしたか？

四柳　私たちの取り組みも、東日本大震災がきっかけでした。子どもたち

谷口

❺宮崎県の南端にある都井岬から大分県佐伯市の鶴御埼までの沖合を指し、大規模地震が発生した際には、津波の到来が懸念されています。

の命を守るために、自分たちにもできることがあるんじゃないかと考え、いろいろと❻勉強し始めました。そうして話し合いを重ね、最終的に「自分の命を守る」と「お互いに助け合える人間になる」の二つが大事だよねという結論に至りました。

その年、毎年やっている三鷹市の防災訓練のメイン会場が、たまたまうちの中学校だったんです。**「これは従来の形骸化した訓練を変える大きなチャンスだ。中学生でも地域の担い手になれるということを市民の皆さんにも見てもらおう」**と考えました。それで、中学校に相談すると、ちょうどキーマンになる先生がいらして、「良い機会なので、職員会議に乗り込んで説明してください」と言ってくれました。そこで15分間をもらい、二つのことをお願いしました。一つは「授業を2時間だけください」ということ、もう一つは「できるだけ多くの中学生が訓練に参加するように先生方からも声を掛けてください」ということです。

その授業では、防災課の人にも来てもらい、仮設トイレの組み立て方などを教えてもらいました。そして、授業でやったことを防災訓練の場で地域の人たちに見てもらいました。中学生でも自分たちの力で仮設ト

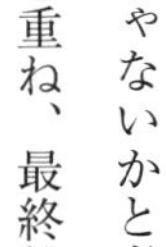

四柳

❻あの当時は、テレビも防災関係の番組ばかりで、防災マニュアル本も多数出版されるなど、世の中に防災関連情報が溢れ返っていました。そんな中で、具体的に何を子どもたちに伝えたらいいのか分かりませんでした。情報に翻弄されていたわけです。

イレの組立ができるんだ、って。当日は日曜日でしたが、先生たちの呼び掛けもあり120名の生徒が参加してくれました。また、「生徒たちが参加するなら」と、先生や保護者も大勢来てくれて、200名ぐらいの中学生、保護者、そして先生が参加してくれたんです。過去に類を見ないほど、若い人たちが数多く集まったことで、主催者の人たちも喜んでくれて、「毎年、このようにやろう」となりました。現在は、中学校のカリキュラム・年間計画にもしっかりと組み込まれていますし、他の中学校区でも同じような取り組みが広がっています。

以前は、年に数回、避難訓練をするぐらいで、後は防災マニュアルのようなテキストをなぞるような授業で済ませていました。それが、地域に出ていくことの価値を見いだしてくれたわけです。学校の意識がそのように変わると、**地域側にも「もっとちゃんと中学生が活躍してくれる場をつくって運営をしっかりやっていかなくては」との意識が芽生えます。**

うちの中学校は住区がまたがっていて、以前は二つの防災訓練にそれぞれ出て行かなければならなかったのですが、当時の校長先生が「日程

▶防災訓練で仮設トイレを組み立てる生徒たち

を合わせて、一緒にやってもらえませんか？」と地域の人に相談してくれたんです。以前は、同日開催という発想が全くなかったのですが、主催者側も中学生が出てきてくれたことのメリットを感じていたので、初めて二つの住区で話し合い、同じ日にやるようになったんです。つまり、地域側も、学校とつながることで意識が変わったんです。

「防災訓練」は、訓練のためだけにやるのではない

谷口　先ほど紹介した防災訓練は、そもそもコミュニティ・スクール構想の一環として行ったものです。2年がかりで地域と話し合いながら、教員にも学区でやることの意味を理解してもらいました。小学校は比較的地域と一緒に何かをやる意識がありますが、中学校にはその文化がなかなかありません。そういった状況下で、小中一緒に地域担当になってもらい、チーフはあえて中学校の教員になってもらいました。

防災訓練の最終的な目的は、学校と地域をつなぐことがなぜ大事なのか、教員はもちろん、地域の人たちにも知ってもらうことです。**訓練の**

▶防災訓練での担架搬送の様子

ためだけに、子どもたちに参加してもらうのではないということが、一番の落としどころです。

生重　おっしゃる通りですね。谷口先生の場合、そうして形になるまで2年かかったとのことですが、その間にリーダーシップをとる校長先生が異動でいなくなり、取り組みが崩れてしまうこともあります。四柳さんのところはそうした体制を作るまでにどのくらいかかったのでしょうか。

四柳　やはり2年かかりました。

生重　その間、理解のある校長先生のときはよいでしょうが、そうではない場合、苦労もあったのではないでしょうか。

四柳　地域主導で始めたからなのか、毎年、防災授業も取り入れてはくれます。その場で疑問を感じるのは、実施要項に「○月○日に○○をします」と手はずは書かれているものの、学習のねらいが全く書かれていないことがあるんです。

谷口　実施要項に目的が書かれていないなんて、おかしな話です。そんな中で、どうやって2年かけて体制を作られたのですか。

四柳　2年間かけて徐々に変わっていったというのではなく、人がかかわるた

▶防災訓練を通じ、学校と地域をつなぐことの重要性を認識する

びに良くなったり悪くなったりを繰り返していました。管理職の先生や担当の先生がかわるたびに一から説明しなければならず、そこに市の防災課や二つの地域が加わるので、打ち合わせなども日程調整自体が大変だったりしました。なかなかうまく事が運ばないこともあったりして、やめるのは簡単ですが、そこは私たち地域が一生懸命頑張って、絶やさないようにしてきました。

もちろん、今の防災授業の授業展開の部分には「地域と連携して」やっていくと書いてあります。でも、いざ授業に落とし込むための打ち合わせをすると、「何のためにやるのか」というねらいが書かれていないことが本当にあるんです。やはり、地域とどれだけ連携するのかという本気度が、その時々で違うな、というのは正直感じてきました。

例えば、「防災授業は❼サポートネットさんの力を借りなくても学校だけでやります」とおっしゃったとします。それはそれで私たちは構いません。ちゃんと学校が地域とつながって、中学生たちが活躍する姿を地域の人に見てもらえるよう先生たちが算段してくれればいいんです。でも、学校だけでそれをやるのが大変だから私たちが関わっているわけ

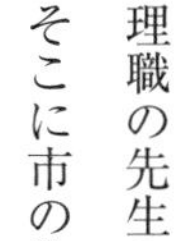
四柳

❼私が代表理事を務める一般社団法人みたかSCサポートネットのことです。2011年4月、東日本大震災をきっかけに、同じく代表理事の師橋千晴氏とともに設立しました。防災教育だけでなく、子どもたちへの学習支援、保護者へのサポート活動なども幅広く行っています。

です。私たち地域の人間にだって、地域の中学生に対する思いや願いがありますから、そこを学校と一緒にやれることが私たちにとっては大切なことだと思っています。

谷口　私が良かったなと思うのは、新学習指導要領で「開かれた学校」から「地域とともにある学校」へと、明確な転換が打ち出されたことです。ただ、「地域とつながる」ための授業だと考えているだけでは意味がありません。**教育課程における全ての学びは、地域社会とつながっている**んです。

前任の南中学校では12月の第1日曜日を「防災の日」として、防災訓練をやっていますが、その前後から年間を通じていろんなことをつなげていきます。これが単発の行事であるうちは、単なる訓練でしかありません。**いろんな学びがつながって、初めて効果が出てくる**んです。ですから、地域が地域活動のために「授業を2時間だけください」と言ってくるのではなく、学校も主体的に関わるべきなんです。

竹原　そうですね。同じように授業をやっていても、主体的に関わろうとする意識があるかないかで、大きく違ってくると私も思います。

「防災」を基点に、学校・家庭・地域の役割を見直す

生重　防災訓練を一つの基点として、ぜひ話し合ってもらいたいのが、PART1でも述べたように、**学校・家庭・地域の役割をはっきりさせること**です。せっかく「地域とともにある学校」という方向性が謳われて、その中に防災教育も位置付けられているわけです。加えて、今やいつ何時、どんなことが起こるか分からない時代に突入しています。だからこそ、それぞれの役割分担を明確にして、人が入れ替わっても大丈夫なよう、持続可能な仕組みにしなければいけません。その土地のことを熟知している地域の人々と、学校として子どもたちを守るべき立場にある先生たち。その両方が同じ土俵に立って、子どもの命を守るんだという観点で話し合い、各々の役割を決めていく必要があると考えます。

これは、❽教員の働き方改革とも関係する話です。教育に関わることの全てが学校中心で行われ、何でもかんでも学校を頼ってしまう状況がある限り、教員の過重労働は改善されません。

谷口　おっしゃる通り、「自分たちが全てを担わねば」と学校に勘違いさせ

生重

❽2019年1月に中央教育審議会から出された答申では、学校の業務について「基本的には学校以外が担うべき業務」「学校の業務だが、必ずしも教師が担う必要のない業務」「教師の業務だが、負担軽減が可能な業務」の3つに分けています。

ないようにする必要があります。実は、そこが⑨コミュニティ・スクールの大事なところです。「誰かがやってくれる」ではなく、「自分に何ができるか」とそれぞれが考えるようになれば、地域と連携した教育活動も回っていくと思っています。

　そうした教育活動を通じ、私が一番願いたいのは、**子どもたちが「いつかこの地域で、自分たちもこんな大人になりたい」と思うようになること、そして「地元でいろんなことに挑戦したい」と思ってくれるようになること**です。さらには、子どもたちが大人になったら自分の子どもも含め、地域の子どもたちを大事にしていきたいと思うようになってほしいとも思います。そして、先生にも「こういう校区なら、自分たちも住んでみたいな」と思ってもらい、⑩住んでもらえるようになればいいなとも思います。

　そもそも防災訓練を授業日にやろうと考えたのは、校長として赴任する前に、こんな話を聞いていたからです。「地域は防災訓練をやっているのに、学校はその時間、部活動をしている。学校は何を考えているんだ」と。これはまずいなと思いました。地域のことを無視して活動して

谷口

⑨学校と地域連携の仕組みとしては、その他に学校評議員制度がありますが、こちらは校長のアドバイザー的な立場にすぎません。一方で、コミュニティ・スクール（学校運営協議会制度）は、地域住民や保護者が「当事者」として関わる仕組みと言えます。

⑩実は、前任の南中学校は、私の母校です。ですから、ご高齢の方の中には、私を「谷口先生」ではなく、「史子ちゃん」と呼ぶ方もいました。運動会のときなど、私の後ろに来て「史子ちゃん、偉（えれ）ぇなったな」などと言われます。

いる学校ではおかしいなと思ったわけです。ですから、先生たちにも年に1回、ここだけは協力してくださいとお願いしました。

南中学校では、小中の9年間を3つに分けて、それぞれの段階で⓫地域との関わり方を年間スケジュールに組み入れていました。そうすることで、地域で何かができる15歳になっていくんです。大人からも頼られるような15歳に。そうした成長が見て取れると、保護者にも「地域とともに」という意識が芽生えます。

森

先ほど述べたように、防災訓練がルーティン化していて、いざという時に使えるかと言えば使えないわけです。だって、本当に災害があったら、校庭に避難した「その後」があるわけですけど、そこから先がシミュレートされていなかったりします。昨今は盛んに⓬主権者教育と言われていますが、これも同じで、自分で考えて投票できる資質を日本の学校は育てていかなくてはと考えています。

アメリカで9・11同時多発テロが起きたときのことです。「これは大変なことになった」と思いましたが、学校では何のアナウンスもせず、誰も何も言いませんでした。もちろん、教員の間では話題になりました

⓫校区のある地域は非常に多様性があり、さまざまな背景を持つ人たちが住んでいました。学校と地域のつながりは深く、多くの人たちが学校の教育活動に携わっていました。

森

⓬選挙における投票率の低下等に鑑み、主権者としてふさわしい意識や行動を養うことを目的として、提唱されるようになりました。選挙権年齢が20歳から18歳に引き下げられたことも、これを推進する理由の一つとなっています。

が、それについて子どもたちに話すことはありませんでした。世の中って、自分の身に降りかからないと、こんな大変な出来事が起きたとしても、話題にしないんだと思ってビックリしました。

生重　「自分はこう思っているけど、それを口に出したら叩かれるんじゃないか…」と、多くの先生が忖度しているのではないかと感じています。

コロナ禍で見えてきた学校の課題

藤原　学校の危機管理という視点から、今回のコロナ禍についても振り返ってみたいと思います。２０２０年3月からの一斉休校と再開後の管理・運営において、学校は非常に難しい局面に立たされました。

森　２０２０年の一斉休校で、最も早く臨時休業になったのが北海道です。２月27日から休校になり、当初は3月４日までの予定でしたが、その矢先に⑬安倍首相（当時）の会見がありました。「え～!?」と驚いていると、間もなく保護者からも問い合わせの電話が鳴り始め、「私たちも分からないんです」と答えるしかありませんでした。

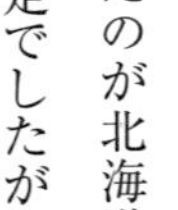
森

⑬2月27日に、全国の学校・教育委員会に、休校を要請しました。当時、多くの学校関係者が、このニュースをテレビやネットで知り、現場は混乱しました。

一連の出来事の中で、何が一番の問題だったかと言えば、やはり上の人たちの言うことがコロコロと変わったことです。北海道に限った話ではないと思いますが、とにかく教育行政が混乱していました。市教委も上からのお達しを待っている状況でしたから、私たちは粛々とやれることをやるしかないという感じでした。

藤原　一斉休校については、そもそも国が要請することなのか、という指摘もありましたよね。

森　私もそう思います。加えて、そもそも「要請」ですから、本当は強制力がないはずなんです。でも、保護者は報道を聞いて、次々に電話をかけてきます。とにかく、情報が錯綜していました。みんなしなくてもいい心配をして、トイレットペーパーの買いだめに走ったりするわけです。そういう人が出てくることを想定して、裏を読み取る力が必要だなと思いました。

谷口　私学はまた状況が違いました。本校の場合、当初は、時間をずらして登校させることも考えました。でも、よく調べたら、企業の始業時間は9時から9時半が最も多いんです。登校時間を遅らせると、逆に混雑時

森

間に登校させることになってしまいます。そうした点も考慮し、最終的に休校という措置を取りました。⑭教員は最後まで「期末考査をしたい」と言っていたのですが、状況を説明して納得してもらいました。本校には、60キロもの距離を通っている子もいます。歩いて来られる、自転車で来られるという距離ではありません。とにかくいろんなことを考慮して、判断するしかありませんでした。今振り返っても、学校のリスクマネジメント、いわゆる危機管理能力が問われたなと思います。

小樽市には⑮12の中学校がありますが、方針は道教委から出た後に、同じ形で市教委からも出されました。卒業式は卒業生のみ出席、保護者は入場不可。席の間隔は十分に取り、時間短縮のため、校長の式辞は印刷して配付する。卒業証書授与もできるだけ短めにという方針でした。

その後、本校では保護者に卒業式の様子を映したDVDを配付しましょうということにしました。私たちの独自の判断です。そんな矢先、「⑯臨時の校長会をやって、学校間の足並みをそろえませんか」とおっしゃる校長もいました。でも私は、「教委の方針は出ているわけですから、あとはそれぞれの学校が判断すればいいじゃないですか」と言いま

谷口

⑭多くの教員が、学期末の通知表を付けるために定期考査が必要と考えていましたが、「評価とは」ということをあらためて考える機会となりました。現在、全ての定期考査を廃止し、光華中学校では単元ごとに学びの振り返りをするようにしています。

森

⑮ちなみに小学校は17校あり、全部で29の公立小中学校があります。

⑯先の一斉休校期間中、校長会で連絡を取り合いながら、一律に同じ対応を取った自治体は少なくありませんでした。

した。その後、市教委から電話がかかってきて、「卒業式をどう実施するか」と聞かれたので「保護者は入れませんが、そのかわりに動画を撮影してDVDを配付します」と答えたら、教育委員会が予算面でのサポートをしてくれて、全市でやることになりました。でも、学校規模にも差がありますから、生徒が10人しかいない学校で卒業式をするなら、距離は十分に取れますから、学校の実情に合わせて判断すればいいと思うのです。目的よりも手段をそろえようとする習性にはなじめません。

竹原　私は、**休校にするか否かを判断する機能をコミュニティ・スクールが持てばいい**と思っています。校長一人で孤立しそうだと思ったら、学校運営協議会を臨時に招集して決めればいいんです。

谷口　そうですよね。地域によって実態は違うわけですから、地域と話し合いながら、学校ごとに決めればいいと私も思います。

東日本大震災のとき、宮崎県にも津波警報が出て、公共交通機関が止まりました。すると、市町村教育委員会から「すぐに子どもたちを帰宅させてください」との連絡が入ったんです。ところが、学校によっては通学路の横に海があったり、川があったりするわけで、「今、帰宅させ

藤原

校長が周りの校長に相談すること自体は良いことです。川上泰彦「校長はネットワークをどのように活用しているか」露口健司編『「つながり」を深め子どもの成長を促す教育学―信頼関係を築きやすい学校組織・施策とは―』ミネルヴァ書房、2016年、141～155ページは、校長による同僚校長への活発な「相談」が学校経営の充実に関連性を持つこと、校長にとって「相談相手」が一種の経営資源になることが示されています。今後は、相談相手を保護者や地域住民に広げること、相談した上で学校の実情に応じて判断することが大切なのでしょう。

たら危険だろう」と、地域の人たちから苦情が出ました。高台にある学校には、「どうしてわざわざ危ない所へ帰すんだ」と。このように、学校によって状況が違うわけですから、それぞれが地域性を大事にしながら判断する必要があります。

その一方で、非常時に、学校は判断するための情報収集チャネルが少なく、だからこそ、きちんと地域とつながり、どこにどんな人がいて、どんな情報があるのかを把握しておくことが重要です。

非常時こそ、学校は地域を頼るべき

藤原　非常時こそ、地域との連携を深める必要があるということですね。四柳さんのところは、どうだったのでしょうか。

四柳　三鷹市の場合、安倍首相の要請があった翌日の2月28日㈮に、市教委が3月2日㈪から休校にすると決めました。そんな中、学校では2月28日の金曜日の1日だけで、先生方が大急ぎで休校期間中の課題を準備し、「6年生を送る会」まで行った学校もありました。2月29日㈯

や3月1日(日)も、きっと大変だったろうと思います。

一方、私たち地域はどうだったかと言えば、感染リスク回避のために、「地域の人は学校に来ないでほしい」ということを学校の意向として伝えられていました。そのため、一切の活動をストップさせざるを得ない状況となりました。

それからしばらくして、「公園で子どもが遊んでいる。どういうことか」という近隣からのクレームが、学校に寄せられているとの話を聞きました。「これは私たちの出番！」と思っていたら、なんと先生方自身が、地域の見回りをし始めたんです。**学校はそうやって、学校だけで頑張ってしまうところがある**んですよね。私自身、長く学校教育に関わってきて、相応に頼りにされているとの自負があっただけに、頼ってもらえなかったことがショックでした。せっかく、コミュニティ・スクールになっているのに、全然その機能が果たされていなかったんです。

生重　先の一斉休校期間中、働く親たちのために子どもを預かる体制をどうするのかといった課題もありました。学童保育だけではスペース的に狭く、子どもたちが伸び伸びと過ごせない可能性があります。いっそのこと、学校の教室を使えばいいんじゃないかと私は思うのですが、そんな話を学童保育の関係者にすると、「そんなことできるはずがない。こちらは厚労省の管轄で、学校は文科省の管轄なんだから」なんて言うんです。今回のコロナ禍では、そうした縦割り行政の問題も浮き彫りになりました。**「子どもを育てる」という同じ目的を持っているのに、非常時でもやはりセクションで物事を考えてしまう。**こうした思考を是正していく上でも、もっと地域がイニシアティブを取っていく必要があります。

四柳 ＩＣＴの活用にも、格差が生じましたよね。学校にはホームページがありますから、そこで学校と家庭がつながりを持てるようにすれば、子どもたちも寂しい思いをしなくて済みます。ところが、現実にはＩＣＴを積極活用する学校がある一方で、２週間たっても何の更新もされていない学校もありました。そうした学校が何をやっていたかと言えば、家庭訪問です。

森 アポなしで家庭訪問をして怒られたなんて話、私も聞きました。そんなこと、絶対にやってはいけません。**学校と家庭の線引きをしないから、**

どんな問題も安易に学校へ持ち込まれてしまうんです。

四柳　今回思ったのは、学校は何かあると自分たちだけで頑張ってしまうんだなということです。そのことを本当に痛感させられました。

生重　とにかく、今回の経験をきちんと踏まえ、学校と地域の役割分担を考えていくことです。地域には町会や自治会もまだあるわけですから、そういうところが子どもたちをどう受け入れていくのかとか、そういったことをきちんと検討しておいてもらわないとダメですよね。

コロナ禍におけるポジティブな変化

藤原　お話にあったように、コロナ禍ではいろいろな課題が浮き彫りになりましたが、一方でポジティブな変化もあったように思います。その点はいかがでしょうか。

竹原　大きく二つあると思います。一つは、各学校で部活動時間の見直しが行われるなどして、学校が本来すべきことをまず優先し、スリム化された点です。東山田中学校の先生も、「余裕ができて、教材研究ができるようになった」と喜んでおられました。もう一つは、学校のＩＣＴ化が進んだこと。⑰ＧＩＧＡスクール構想も一気に現実のものとなりました。ただ、現場での活用にはセキュリティやネット環境の課題があり、さらにそれをどう学習や業務に使うかはまだまだです。私は、まずは**ゲリラのように使うべき**だと思うのですが。

四柳　スリム化については、おっしゃる通り、既存の取り組みを見直す良い機会になったと私も思います。学校や地域には、**慣習的に何十年と続いている取り組みもあり、その中には何のためにやっているのか、本来の目的があいまい化しているもの**も少なくないですからね。

例えば、私が住む地域の小学校では、毎年2月に6年生の卒業を祝う餅つき大会を開催していました。でも、２０２１年はコロナが収束していないため、どうしようかと先生や地域の人たちと話し合いました。中には、40年以上続いている行事の開催にこだわる人もいましたが、最終的には「目的は餅つきをすることじゃなくて、あくまで6年生の卒業を祝うことだよね」と意見が一致し、「この1年間、子どもたちは楽しいことが少なかった。だから思い切り楽しんでもらえるような時間をつく

竹原

⑰全国の小中学生に、１人１台のデジタル端末を配備する国の構想です。当初は、２０２３年度までの整備計画でしたが、コロナ禍を受けて前倒しされ、２０２１年３月までに大半の自治体が配備を完了しました。

ろう」との話になりました。そして、地元の演劇集団の人たちを招き、感染対策をしっかりとした上で、演劇のワークショップを開催してもらいました。子どもたちは大喜びで活動に参加していたそうです。**こうした経験を通じ、今後は一つ一つの行事や取り組みの目的を検証し、スリム化を図ることも可能**だと考えています。

谷口　今回のコロナ禍で、学校は「中でしかできないこと」と、「外に出してもできること」が見えてきたように思います。外に出せるものは出して、スリム化を図っていくべきでしょうね。

森　私の学校でも、コロナ禍を経験したことで、肥大化した業務の見直しができました。休校期間が明けた後も、教育活動にさまざまな制限がかかり、時数が限られる中で、学校行事などの精選をする必要もありましたからね。一つ一つの行事や取り組みについて考え、**子どもたちに育成すべき資質・能力という観点から、見直すきっかけになった**と思います。

藤原　皆さんがおっしゃる通り、休校期間中は、**日頃の教育活動に追われていた先生方が「立ち止まって考える」ことができた**ように思います。中

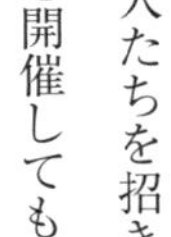
藤原

現在、スポーツ庁、文化庁では、休日の部活動の段階的な地域移行、合理的で効率的な部活動の推進など大胆な部活動改革を推進しています。

には、学校教育の在り方、子どもと教師の関わり方などを深く考え、新しいことにチャレンジした先生もいました。１００％完璧な条件がそろわない中でも、あり合わせのリソースの中であっても、子どもたちが必要な学びができることも、多くの先生方が気付かれたように思います。

生重　竹原さんがおっしゃったように、ＧＩＧＡスクール構想が前倒しされ、１人１台の端末がそろったことは大きな成果ですね。コロナ禍がなければ、あと5年か10年はかかっていたと思います。それ以前も、⑱地方財政措置が講じられてはいましたが、使途が限定されていなかったため、道や橋になっていましたからね。

もう一つ、人と人とのつながり方のバリエーションが増えた点も、良かったことの一つです。休校期間中は、多くの教育関係者がＺｏｏｍなどのオンライン会議システムを使って人とつながり、日本中はもちろん、世界中の人たちとつながれることが分かりました。**世界は広いし社会は広い。そのことを子どもたちも感じて、社会へと漕ぎ出して行ってほしい**なと思います。

生重

⑱以前から「教育のＩＣＴ化に向けた環境整備５か年計画」に基づき、単年度１８０５億円の地方財政措置が講じられていましたが、熊本市など一部の自治体を除き、多くの自治体は端末の整備費には充てませんでした。

学校運営協議会をスクラップ装置に

藤原　先ほど森先生から「肥大化した業務の見直しができました」との話がありましたが、現実にこれを進めていくには、校長の強いリーダーシップも必要に思われます。校長が特定の行事や業務を「なくそう」と言っても、周囲がそれに賛同してくれないケースがあるように思います。

竹原　**今の学校は、いろいろなものを抱え込んでいてメタボ状態**です。だから、どんなに栄養があっても、どんなに美味しくても、必要のないものは入れてはいけません。「〇〇教育」も、それが本当に必要かどうか検討し、必要なものだけを入れましょうと言っています。その際に、判断の拠り所となるのは、その学校の「育てたい子ども像」とそれに基づくカリキュラムです。

さらに言えば、**学校運営協議会をスクラップする「装置」として使ってもらいたい**。藤原先生がおっしゃったように、学校は「この取り組みはやめましょう」とはなかなか言えないからです。たとえ何十年も続いている伝統行事であっても、学校運営協議会で検討した結果、当初の役割は果たしたので必要ないと判断したとなれば、後ろ盾ができてやめられます。最終的には、それが先生たちの働き方改革にもつながるんです。

生重　杉並区の教育委員会では、先生の働き方改革として「学校行事等の棚卸し」をテーマに話し合いをしました。今まで、当たり前と思われていたことを見直す「棚卸し」を区内の全小中学校がやっているんです。具体的に、コミュニティ・スクール側から、運動会や学芸会などの在り方を見直そうとの提案がなされています。その提案をもとに、年間計画を考えていこうというわけです。

竹原　実際に、学校運営協議会を通じてスクラップしたものもあります。その一つが、⑲小学校4年生の宿泊体験です。一泊しなくても、自然の中で集団活動や野外炊さんは日帰りでもできると学校運営協議会で話し合い、東山田中学校区の3小学校で一斉にやめました。学校には何のためにやっているか分からない行事が多いので、これからはそうしたスリム化をどんどんやっていかないといけないと思っています。

生重　全くの同感です。最初にその行事を始めた理由が、実はつまらないことだったりすることもありますからね。それなのに、「恒例だから」で、

竹原

⑲教職員の負担が大きく、小さなお子さんのいる先生などは大変という声を以前から聞いていました。学年に男性の先生がいない場合は、男子児童たちが入浴する際の見守りボランティアを手配する必要もあります。

なかなかやめられなかったりする。

竹原　校長先生一人の力ではやめられませんよね。何を言われるか分かりませんから。だから、学校運営協議会が後ろ盾になればいいんです。学校は日々、○か×ではない判断をしているのではないでしょうか。生徒数が減って、部活動を減らすなどの難しい判断をするときも、学校運営協議会の機能が役立ちます。**「そういう使い方をしてください」**と、私ははっきり言っています。

生重　杉並区も以前、中学3年生が卒業旅行と称して、日帰りでディズニーランドに行っていました。それが2011年にちょうど東日本大震災の日に当たって、[20]大混乱に陥りました。結果として、それを機に廃止されたのですが、今思えば良い機会だったと思います。もはや中学3年生が全員そろってディズニーランドに行く時代じゃないんですよ。

森　修学旅行も、「例年行っているから」という理由だけで、旅程やプログラムの検討を行わない傾向があります。でも、保護者の立場からすれば、高額な費用を払うわけです。修学旅行も、時代とコストに見合う学びを考えなければならない時代ではないでしょうか。

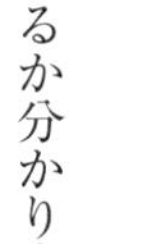
生重

[20] 杉並区から迎えのバスを出した学校もあれば、浦安市の近隣の小学校に生徒たちを宿泊させた学校もありました。対応が学校によって異なり、大きな混乱を招きました。

藤原　**校長にとってのコミュニティ・スクールは、要するに「意思決定支援ツール」**なんですよね。そこにいろんな情報が集まるため、適切な経営的判断もしやすくなります。もう一つ、校長は孤独だと言われますので、「愚痴をこぼせる相手」、さらにいえば「友人」にもなり得ると思います。「心のゴミ箱」という言い方をする人もいますが、誰にだってそれが必要なんです。真面目な校長が、自分で決めなければならないとき、誰にも相談できずに的を外してしまうこともあるでしょう。

四柳　逆に、コミュニティ・スクールに相談してうまくいった成功体験があれば、以降も頼ろうとするでしょうね。

生重　学校が全部背負い込むのを避けるためにも、校長先生にはもっとコミュニティ・スクールの意義や仕組みなどに対する理解を深めていただきたいと思います。一方で、地域側に求められるのはやはり「寄り添う」ことです。聞いて賛同する、共感するというところから始めて、信頼関係が築けない限り、いくら「私は心のゴミ箱ですからどうぞ。愚痴をこぼしてください」と言ってもダメだと思います。

PART 5

連携・協働の視点④
マネジメント
―地域と学校をつなぎ成果を出すために―

このPARTでは、
地域との関係を構築し、地域の人々と一体となって学校教育目標を達成し、地域を活性化するために、どのようなマネジメントを行うべきか
について深掘りしていきます。

焼酎を片手に鍛錬を欠かさない、男気のある女性
谷口 史子先生

「地域とともにある学校づくり」には、経営資源が必要

藤原　ここまで、学校と地域社会の連携・協働の必要性と到達点（PART1）、キャリア教育（PART2）、場づくり（PART3）、防災（PART4）という視点から「学校と地域をつなぐ」ことについて語り合ってきました。議論の中では、ビジョンや志に基づいて、教職員や保護者、地域住民が情報を共有し、目的を共有する「熟議」、そして、目的を共有して「協働」し、成功体験を得ることによって地域とともにある学校を実現していくことの重要性を確認してきました。

この「熟議」と「協働」に加え、地域とともにある学校の運営に備えるべき機能が「マネジメント」❶です。そこで、このPARTでは、どのような「マネジメント」を行うべきか議論したいと思います。

谷口　よく「ヒト・モノ・カネ」と言いますが、公立学校の場合、自分たちで人を雇えるわけでも、自由に使えるお金があるわけでもありません。もちろん要望はできますが…。つまり、**経営資源として一番重要なものが与えられていない中で、行政から「がんばれ！」と言われている**わけ

藤原

❶２０１５年12月21日にとりまとめられた中央教育審議会「新しい時代の教育や地方創生の実現に向けた学校と地域の連携・協働の在り方と今後の推進方策について（答申）」では、「『マネジメント力』とは、学校の有している能力・資源を最大限生かし、学校に関与する人たちのニーズに適応させながら、学校教育目標を達成していく力を指す」と定義しています。学校として、しっかりと環境を分析し設定した目標実現に向け、戦略的にリソース（教育資源）を活用することが重視されているのです。

です。

世界各国を見ても、例えば中国のある地域では、規模の大きい学校では学校裁量予算が3～4億円あると現地の校長からお聞きしました。一方で日本の学校は、とにかく校長の裁量権が限られています。こうした状況が、自律的な学校経営を妨げている要因の一つではないかと私は分析しています。

森　確かに、学校裁量で活用できるお金がもっとほしいですよね。本校は、市内の中学校の中でも規模が大きく、生徒数は260名、職員が27名、会計年度職員や市費職員を入れると31名に上るのですが、教職員の年間の研修旅費が❷8万円しかありません。

一同　えーっ!?

森　このことを多くの人に知ってもらいたくて、この前の学校運営協議会で話したら、みんなびっくりしていました。**教職員は勉強しよう、研修に出掛けようと思っても自腹を切るしかない**状況です。例えば、文科省主催のセミナー等に「旅費は負担しません」と書かれている場合などは、学校予算がないから、教員が自腹で参加することになります。自分

森

❷この額では、誰か1名を首都圏の学校に視察へ行かせれば、大半は消えてしまいます。教員は「研究と修養に励み」と法令に規定されていることを考えても、非現実的な予算です。自治体によって事情は異なりますが、学校の自律性を高めていく上でも、学校裁量予算を増やしていく必要があると考えます。

自身も、考えたくないくらいのお金をかけて自費研修しました。今となっては、そこに自己投資しておいてよかったと思いますけどね。

生重　私が経産省の事業を受託し、その事業費の中でキャリア教育の研修会をやったとします。その際、「学校の先生にも協力体制を取っていただくために、出張経費はこちらで負担します」ということは可能なのでしょうか。

森　ＮＰＯ法人などが出してくれる場合は大丈夫です。でも、もし経産省など公的機関からお金が出るとなっても、学校としてはどこに相談してよいのか分からないというのが正直なところです。

竹原　そう考えても、地域学校協働本部のような組織がお財布を持っていた方がいいのでしょうね。学校の場合、寄付はもらいにくいし、手続きも厄介です。

生重　学校で使える予算というのは、文科省や教育委員会から出てくるものだけじゃありません。内閣府や総務省、中小企業庁、経産省などの所管事業の中にも、学校で❸活用できるお金はたくさんあります。各学校がやりたいこととそうした予算を結び付けることも、コーディネーターの

生重

❸学校関係者の多くは、文科省や教育委員会の事業に目が行きがちですが、その他の省庁・部局においても、教育関係者が活用できる予算は多々あります。

仕事だと私は思います。

経営資源の一つである**資金面については、そのやり繰りもコミュニティ・スクールと地域学校協働本部の大切な役割**だと私は考えます。先生方にしても「自分たちは3年で異動するから関係ない」と思ったらダメ。住民と一緒に危機感を持って、向き合っていかねばなりません。例えば、東山田中学校コミュニティハウスには何度も訪れていますが、お祭りのときにやっていた1回100円のくじ。あれはいいなって思いました。

竹原　それは、❹ファンドレイジングとしてやったんです。地域から景品を募って800個を集め、8万円の売上がありました。空くじはなしで、例えば地域の花屋さんには小さなブーケを、中華料理屋さんには餃子の無料券を、といった具合に寄付してもらったんです。

四柳　それぞれ、無料で提供してもらったんですか。

竹原　もちろん、そうです。

森　餃子券が当たった人は、餃子だけ食べに行くわけじゃないでしょうから、お店としてもメリットがあったでしょうね。

竹原

❹Fund（基金）をRaising（持ち上げる）を合わせた言葉で、寄付金などを通じて資金を集める非営利活動のことを指します。NPO法人が資金を集める手法として、よく使われます。

竹原　ちょっと離れた所にあるお肉屋さんからは、コロッケ2個を出してもらいました。当たった人は、そのお肉屋さんの存在を知ることになります。また、美容院からは子どものカット券を出してもらいました。
　アメリカでは、そうしたファンドレイジングがどの学校でも当たり前に行われています。航空会社の関係者がいた時は、日本とアメリカの往復航空券が出たり、他の学校では自動車が景品として出たという話も聞きました。そんな話をしたら、「さすがにそれは無理だね」ってなりましたが（笑）。でも、PTA会長が「あ！自転車屋ならある！」と言って、そこから自転車業界とつながって、ギア付き自転車が一等賞の景品になったこともありました。

生重　ギア付きの自転車なんて、最高の景品ですよね。

竹原　なので、お祭りの1カ月ぐらい前から、コミュニティハウスの中に飾っておきました。「これが当たりますよ！」って。**そんなことをしながら、ファンドレイジングという手法を根付かせたかった**んです。その他、常設の「小箱ショップ」があり、地域学校協働本部の資金になるだけでなく、手づくり品などの「もの」を通して、人のつながりができて

▶常設の「小箱ショップ」

います。

生重　そこがポイントですね。自律的な学校経営を考えたときに、やはりお金の問題を避けてはいけません。

藤原　お金の話というのは、学校経営の意識を拡張するんだろうと思います。日本の校長の責任・裁量は、OECD加盟国と比較してかなり少ないことが❺国際調査で示されています。一方で、裁量権を広げれば、学校間格差が広がる可能性もあります。20世紀後半から21世紀初頭にかけて、世界の多くの国で、意思決定などの権限を学校レベルまで分権化し、学校活動や学校運営についての責任や権限を校長、教師、保護者、生徒、そして他の学校コミュニティのメンバーに委譲するといった自律的学校経営が進められています。しかし、裁量が拡大すれば学校間格差が広がる懸念もあります。格差が拡大しないように、教職員の人件費などを除いて**学校に裁量権を与えて自律性を高めつつ、現場をサポートしていく**ことも必要なのでしょう。

日本では、1998年に中教審で答申がとりまとめられ、国がやること、県がやること、学校がやることなどについて、「ここまではマス

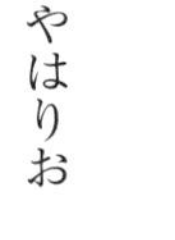
藤原

❺TALIS（OECD国際教員指導環境調査）2018において、そうしたデータが示されています。

トだけど、ここから先は自由」という形で明示され、地方や学校が裁量を生かして自律的に経営を行う方向で改革が進められました。しかし、2000年前後から、その動きは足踏みしているように見えます。「地域とともにある学校づくり」には、自由になるリソースが必要です。

「経営者」としての校長をどう育成し、支援するか

藤原　そうして学校の裁量権を広げたとして、次なる段階では、経営資源を上手に活用できる校長を養成する必要があります。

生重　校長先生になると、「教える人」から「マネジメントする人」になるわけですが、その際に思考をすぱっと切り替えられるかどうか。**全体を見回しながら、職員それぞれの良いところを見つけ、信頼して任せるところは任せながら、組織・体制を整えていけるかどうか**が課題です。

谷口　そういった資質は、校長になってから養うのでは遅いんですよね。本来なら、校長になるまでの間に研修をしっかりとやるべきですが、私が見てきた限り、その部分が欠落しているように感じます。マネジメント

藤原

露口健司「結論と展望」同著『学校組織のリーダーシップ』大学教育出版、2008年、271～290ページでは、校長がリーダーシップを発揮できるようになるためには、校長の養成・採用・研修に加え、教育委員会による学校裁量の拡大や実質的にパワーを行使できるよう支援することによって、校長自身がリーダーシップを発揮できそうだという自信（リーダーシップ効力感）を高めることが有効であることが明らかにされています。

にしても、リーダーシップにしても、現状の研修では身に付きません。❻日本の場合、教員から教頭を経て、校長になるというパターンがほとんどです。そのため、例えば「学力を上げるためにはどうしたらよいか」という課題があると、すぐに「どの教科の点数が悪かったのか」というところに目線が行ってしまう。そうではなくて、**子どもの学ぶ環境はどうなのか、地域との連携状況はどうなのかなどを総合的に考え、俯瞰して見る**ことが重要なんです。

生重　「教科を教える」という教員側の意識から離れて、「全体を見る」という経営的な視点に切り替える。管理職になる際は、それが求められるわけですが、現実にはなかなか難しい部分もあります。

谷口　管理職養成システムはものすごく重要で、その上に教育長の養成があります。法改正により、❼首長が教育長を任命するようになりましたので、これからどんな風になっていくか注目しています。

生重　教育長の強力なリーダーシップの下、その自治体の学校が劇的に変わっていくようなケースもあります。シャワーのように下りてくるトップダウン効果と、現場から上がってくるボトムアップ効果。その両方が

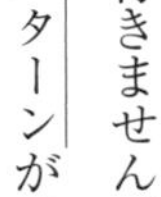
谷口

❻民間企業等からの登用も一部では行われていますが、全国的に広がっているとは言えない状況です。校長の多くは、教頭（副校長）や教育委員会の指導主事等を経て、校長職に就いているのが現状かと思います。

❼2015年に改正地方教育行政の組織及び運営に関する法律が施行され、教育委員長と教育長が一本化されて新教育長は首長が任命するようになりました。

ある自治体は、大きく変革します。

竹原　マネジメントは、管理職試験を受ける段階になって意識するのではなく、教員養成の段階から意識すべきだと思います。学校というのがどのような組織でどのような体制で動いているのか、自分はその一員としてどのような役割を担うのか。チームの一員として動くということを早い段階から意識しておかないと、ある日突然、「マネジメント」と言われても困るでしょう。徒弟制度のような文化ではなく、組織として動くには**養成の段階から、「チームの中で役割を果たすことが重要」なのだと言い続けていかないと、マネジメント力は養われない**と思います。

森　昭和の時代の教職員育成は、❽「伝統芸能や職人芸」だったように感じます。竹原さんが言うように徒弟制度的で、経験豊富な師匠がいて、そこに新弟子が入って「こうやるんだ」と手ほどきをする。でも、そうした個の技の伝授に時間をかけている間に、世の中はもっと速く、先へと進んでいる。今の若い人たちはよく勉強していますし、学ぶためのツールもたくさん持っていますからね。自分の師匠を学校の外に見つけて研鑽する人も少なくありません。

森

❽教職はＯＪＴが中心と言われますが、その中身は「勘」と「経験」に基づくもので、システマチックに理念や法を学び、スキルの継承ができていたかと言えば、そうとは言えません。

これからの学校は、いろいろな人がチームになって動かしていくことになります。そんな中で、「ＩＣＴは苦手」「地域の人と話すのは苦手」「新しいアイデアが出せない」なんてことでは、ただの「働かないおじさん・おばさん」になってしまいます。

生重　民間企業も学校も、そういう人はたくさんいますよね。その世代が退職すればという指摘もありますが、❾現状は教員も管理職も不足気味で、再任用される人も少なくありません。そうして、若い世代にバトンが渡らない現状があります。

藤原　研修については、どのようなやり方が考えられるのでしょうか。

生重　コーディネーターになってすぐの頃、経済同友会の「企業経営者による教育現場への積極的な参画」アドバイザリースタッフになり、その後10年ほど委員会に出席していました。その関係もあって、杉並区の教育長から「教員研修と経営者を結び付けられないか」と打診されたことがあります。そして、区内の12人の副校長先生を集めて、経済同友会から経営者を講師として招いて研修をしました。経営者は学校のことなど分かりませんから、経営者としての視点からマネジメントを語ってもらっ

生重

❾昨今は教員不足が深刻で、定年を迎えた人の再任用でカバーしている自治体が少なくありません。また、管理職もなりたがらない人が多く、校長先生が再任用されて、そのまま学校に残るケースも数多くあります。

たのです。どこの自治体にも、経営者の団体があると思いますので、そういうところと組んで研修をやっていけばいいんじゃないでしょうか。
　もちろん、民間企業と学校では経営形態も違いますから、一概にそれが良いとは言いきれません。問題は、**研修を受けた側が経営の真髄とか人心掌握術とか、学んだことを日々のマネジメントに生かせるかどうか**です。竹原さんがおっしゃったように、早い段階から教員にマネジメントを意識させるというのは、とても良いアイデアだと思います。

竹原　その意味でも、大学の教職課程に、教科指導以外のカリキュラムを入れていく必要があるのではないかと考えています。

四柳　今、⑩教員の養成・育成制度の改革も進められていますよね。

藤原　教員養成において、地域との連携の仕方とか、チームのつくり方について取り入れられるようになったという点は前進です。他方では、国立大学教員養成系大学・学部改革の流れで、必ずしも教員免許取得を義務付けない課程（ゼロ免課程）が廃止され、教師になる人が多様な人と共に学ぶ機会は減っているという事実もあります。

四柳

⑩2015年に出された中央教育審議会の答申「これからの学校教育を担う教員の資質能力の向上について～学び合い、高め合う教員育成コミュニティの構築に向けて～（答申）」を受けて、「教員育成指標」や「教職課程コアカリキュラム」などの改革が行われました。

教職員が、主体的・自律的に動くための組織づくり

藤原　話が教員の「養成」レベルにまで及びましたが、個々の教職員が「前例踏襲」の意識から抜け出し、自律的に教育活動に関わることも、地域との連携を進める上で大切だと思います。この点については、どんな具体策が考えられるでしょうか。

四柳　副校長先生や教頭先生が、経営的な視点を持って、コーディネートをできるといいかもしれませんね。

竹原　副校長先生には総務的な視点も必要で、その部分は学校事務の仕事に関連しています。そのため、**事務職員は副校長先生の隣に座ればいい**と、私は言い続けています。お金はかかりませんから、場所だけ変えてくださいと。そうすると、日常的に情報が共有され、効率も良くなるのではないでしょうか。

森　教職員の意識を変える上では、学校の組織体制も見直していく必要があると思います。一般的な学校の校務分掌組織図は、校長を頂点とするツリー型になっていて、校長の下に教頭、その下に教務部、生徒指導部、

藤原

「チームとしての学校」の実現に向け、２０１７年に学校教育法が改正され、学校事務職員の職務規定は、教諭と同等の「つかさどる」に変更されました。専門性を生かして学校の事務を一定の責任を持って自己の担任事項として処理することとし、より主体的・積極的に校務運営に参画することを目指した法改正です。

全国には子どもの学校生活や学習の質向上に向けて、教職員と協働してプロジェクトに取り組んでいる学校事務職員も数多く存在します。その一端は、藤原文雄編著『スクールビジネスプロジェクト学習―子供たちの幸福な近未来を創造する学校事務職員―』学事出版、２０２１年をご覧ください。

総務部が置かれています。そして、事務職員は経営の中枢から外れていることが多い。

本校では、校務分掌図も部の名称も抜本的に変えました（159ページ参照）。そもそも、生徒指導部の「指導」という言葉が嫌なんですよ。そんな言葉がついているから、教員は細かいところまで「指導」したくなるんです。そこで、「こころからだサポート部」にしてはどうかと打診したのですが、長すぎるということで⓫「スチューデントサポート」に変更しました。つまり「指導」を止めて「サポート」にしたのです。それから、教務部は「カリキュラム・マネジメントチーム」、総務部は「リソース・マネジメントチーム」という名称に変えました。

「リソース・マネジメントチーム」には、事務職員、学校図書館司書、用務員なども入ってもらいました。教員には「事務職員は金勘定と電話番と書類仕事をする事務員」という認識が昔からあったのですが、それは良くないと思ったからです。

奇妙な組織図に思われるかもしれませんが、**従来のツリー型組織では、それぞれのチーム間の連携・協働体制が取りにくく、前例踏襲から**

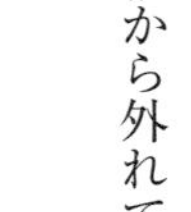

藤原

大天真由美「MIRAIミーティングで学校改革―リソース・マネジャーとしての学校事務職員」『日本教育事務学会年報』第6号、16～19ページでも、教育を総括する文章に加え、リソース・マネジメント部を設け、有機的に教育の質向上に取り組んでいる実践例が紹介されています。

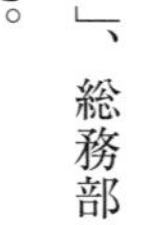

森

⓫名称だけでなく、指導方針も変え、大きな声で怒鳴るような指導は、生命の危機に関わることでない限りは行わないようにしました。当初は戸惑う教員もいましたが、一人だけ怒鳴っていては子どもからそっぽを向かれることもあり、1年もたたないうちに学校の雰囲気が変わっていきました。生徒たちの教員に対する警戒や怯えも消えていきました。

抜け出せないと考えました。それぞれの部が協議しないと新しい取り組みはできませんから。当初は、「ミーティングの回数が増えるのは、働き方改革に逆行するのではないか」という意見もありましたが、自分の考えを話したり聞いてもらったりする場があった方が、ストレスは減ります。実際、組織を一新したことで、教員の意識も動きも変わり、学校改善がボトムアップで急速に進みました。校長の思いだけが実現できる組織図、異なる見方の意見が言いにくいような組織図ではダメだと思ったのです。学校運営協議会の学校側メンバーも、1名を事務職員に、もう一人は教諭にしています。

藤原　それは全国的に見ても、珍しいかもしれませんね。

森　一方で、教頭には学校運営協議会から外れても

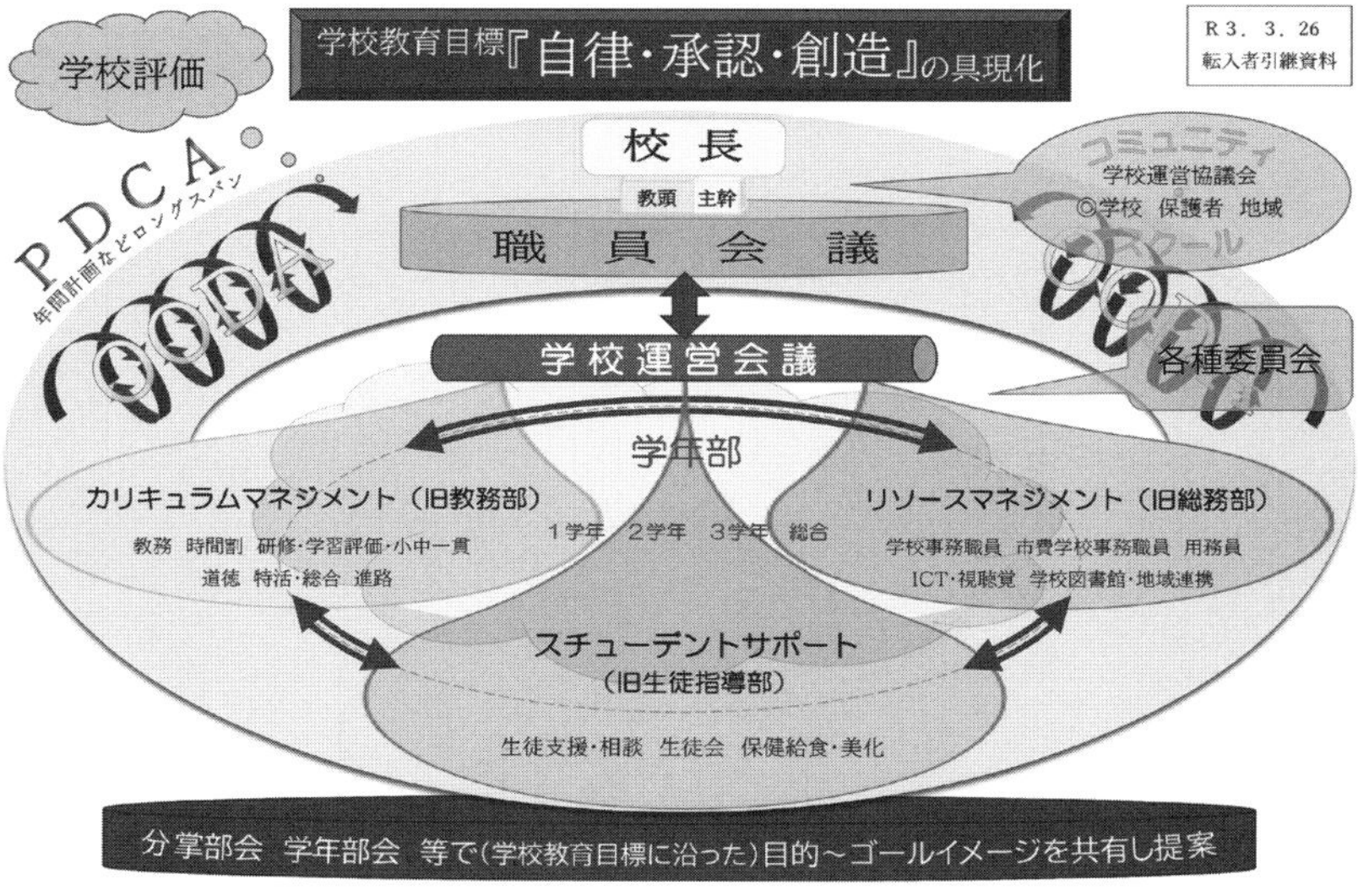

らいました。それでなくても教頭は忙しいですし、メンバーが管理職ばかりでは、一般教員が学校運営協議会を遠い存在だと思ってしまいます。もっとフラットなものにしたいと考えたのです。学校運営協議会は、学校からは校長、事務職員、教諭の３名。また、他の委員も大学生や自由業の人など、いろいろな世代の方に入ってもらい、14名の組織にしました。

子どもたちを自律させるための「主権者教育」

藤原　自由になるリソースの配分など学校分権化は、子どもたちに最も近い場所にいる当事者こそ子どもたちのために最善の意思決定を行うことができるという考えに基づいています。子どもも重要な当事者ですが、いかに当事者としての力を育むべきでしょうか。

竹原　日本の学校では、政治、お金、宗教には触れてはいけないという風潮がありますが、これが問題だと私は思います。もちろん、公立の場合は特定の政治団体や宗教を強要してはいけませんが、ディスカッションしたり、文化の違いを知ったりすることは必要なんじゃないでしょうか。

藤原　日本の⓬主権者教育は、政治のことにはあまり触れませんからね。教える内容は、選挙がどのように行われるのかなど、制度的な話にとどまっています。

竹原　アメリカにいたときの話ですが、小学校も中学校も高校も、大統領選の年はその勉強をするんです。うちの子がまだ小学校4年生のとき、「6年生の○○くんがクリントンになって、○○くんがブッシュになった」と話していました。何なのだろうと思っていたら、その翌日からその6年生がスーツ姿にアタッシェケースといういでたちで各教室を回り、「私はアメリカをこういう国にします！」と演説したんだそうです。1年生の教室なら、1年生にも分かるように、政策を語ります。同じ時期に、高校生はニューヨーク・タイムズを読んで、政策をまとめます。小学校では、投票日に実際の投票箱を置いて投票し、「うちの学校はクリントンが勝った」とか、「うちはブッシュだ」とかやっているんです。つまり4年に1回、そのような学習を重ねているのです。**そういう環境で育った子と、日本みたいに全く政治に触れないで育った子とでは、投**

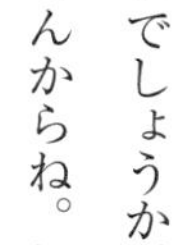

藤原

⓬日本では2016年に公職選挙法が改正され、選挙権年齢が18歳に引き下げられました。それを機に、多くの学校が主権者教育と称して、模擬選挙などの取り組みを実施しています。

票権を持ったとき、政策を理解して投票へ行くという意識が全然違ってくると思います。

生重　せめて立候補者のマニュフェストを読み比べて、それぞれの背景にある考え方や目指す社会を知るような取り組みが、学校でできないものでしょうかね。市議会選挙や、県議会選挙でもいいので。ぜひともやってほしいと思います。

実は私も以前、そういったことをやろうとしたことがあります。防災のことに取り組んでいた方の中に都議選に立候補した人がいましたので、議員になることを目指す理由などを中学生の前で話してほしいと言ったんです。でも、学校に拒否されました。

四柳　私も生重さんと同じ意見で、そうした人にこそ、子どもたちに向けて話をしてもらいたいと思います。議員や市長はどんな仕事をしているのか、それを本人の口から話してほしいんです。本気で市民を育てたいんなら、やっていいはずです。

生重　日本の学校教育は、自律的な市民を育てるという視点がないんです。ただ口を開けて、餌を待っているペンギンを育てたいんじゃないかと思えるほどです。

森 政治の話にしても、お金の話にしても、トーン的には性教育の話に似ています。「いつか気付くことなんだから」と、やり過ごしてきたわけでしょう。

生重 そうなんですよ。税務署が税の作文を募集しますよね。あれも、ちゃんと税を納めることの意味にまで踏み込んでいく必要があります。税金がどんな使われ方をして、どうして納めなければいけないのかという話をせずに、「三大義務の一つです」とか言われてもなあと思ってしまいます。

藤原 「自分は社会の構成員である」という当事者意識を醸成する上で、そうした取り組みは効果的でしょうね。

森 話は少し変わりますが、どこかで災害が起こると、よく子どもたちが生徒会などを通じて募金活動をしますよね。それで、結構な額のお金が集まったりするんですが、そのお金はもともと彼らのものじゃなく、保護者に出してもらったものです。そのことが、ずっと私の中で引っかかり続けていました。自らが身銭を切ったわけでもないのに「自分が善いことをしている」気分になるのは、どこか違うんじゃないかと。
⑬熊本地震が起こったとき、東日本大震災でボランティアをやっていた知人に被災地ではどんなものが必要かと尋ねてみたら、「お金よりも別のものが喜ばれる」とのことでした。例えば、ウエットティッシュ、歯ブラシ、お皿のかわりにもなるラップ…そんなものが必要になると聞き、「そうだ！生徒会の子たちに伝えよう」を思い、「君たちのお小遣いで買ってもいいし、余っているラップがあれば家の人に聞いて持ってくるとかはどう？」と伝えました。それから「ただ持ってくるだけじゃなくて、応援のメッセージを書こう」となりました。中学生は一生懸命、自分たちの言葉で考えてくれました。受け取った熊本の方々もＳＮＳにアップしてくれて、双方向の交流になりました。

　このように、**被災地支援はやり方も含めて子どもたちに考えさせないと、地域コミュニティを担っていく人材は育たない**んじゃないでしょうか。小銭をチャリンとやれば、あとはどこかの誰かがやってくれると思っていてはいけません。それこそ、「町が汚くて不便だ。税金を払っているんだからちゃんとしろ！」と文句を言えば、誰かが変えてくれる

森

⑬２０１６年4月14日、16日の2回にわたり、最大震度7を記録する大地震が熊本県を襲いました。熊本のシンボルである熊本城の復旧工事が完了するには、約20年の歳月がかかると言われています。

だろうという、自律していない大人をつくっていくような気がします。

藤原　世間では、「ゆとり世代」なんて言葉でくくられていますが、私は**「総合的な学習の時間」を経験してきた以降の子どもたちは、すごい力を持っている**と思うんです。実社会で生きる資質・能力の育成という点で、学習指導要領は間違いなく進化してきています。これからの時代は、教科学習をより効果的に行い、人のために役立つプロジェクト学習に校内外で取り組む時間を増やすようなカリキュラムに、よりシフトしていくことが大事ではないでしょうか。

PART 6

提言とまとめ

―私たちはこれからも歩み続ける―

最終PARTでは、
座談会の締めくくりとして
今後の展望を述べていただくとともに、
これから先、自身がどんなことに
取り組んでいきたいか
について語っていただきます。

司会
藤原 文雄先生

今後の展望

藤原　このＰＡＲＴでは、座談会の締めくくりとして、これからも歩み続けるであろう皆さんに、今後の展望やこれからご自身が取り組んでいきたいことなどを語っていただきたいと考えています。まずは、今後の展望についてですが、どうご覧になっていますでしょうか。

生重　１００万人を超える引きこもり、❶18万人を超える不登校、深刻化するいじめなど、日本の教育システムは多くの課題に直面しています。ＩＣＴの遅れなども含め、このままでは国際社会からも取り残されてしまうでしょう。私は、もはや逃げられないところまで来ていると感じています。

竹原　かつては、指示された通りに、正確に物を作る力が求められました。でも、それはロボットでもできるようになり、これからの時代は、これまで存在しなかった新しいものや価値を創造する力が求められます。**そうした社会では、知識を持っていることよりも、学び方を知っていたり、学ぶ楽しさを知っていたりすることの方が大事**です。そうした資質・能

生重

❶文部科学省の統計によると、２０１９年度における長期欠席者（不登校児童生徒）数（小中）は、18万１２７２人に上りました。10年前と比べて約６万人も増加しています。

力の育成を図る上でも、地域にはリアルな体験やわくわくする学びがありますので、これからの社会を創る子どもたちのためにも、学校と地域がつながっていかねばなりません。

生重　おっしゃる通りだと思います。一方で、現状の学校には❷Society 4.0以前の教育が、至る所に残っているんですよね。先生にはナビゲーター、あるいはファシリテーターとして、「あなたはどう考えるの?」「どうしたいの?」と子どもたちに問い掛けてほしい。これは家庭教育にも言えることで、子どもの「飼育係」になってはいけません。**大切なのは、主体的・自律的に生きる子どもを育てるという視点で、その意味でも「教え込む」教育、20世紀の価値観から脱却していく必要があります。**

森　主体的・自律的に生きる子どもを育てるということに対し、学校は自覚的にならなければいけません。校則一つとっても、❸「自由を与えたら学校が荒れる」と信じ込んでいる教員が、日本にはまだ多くいるようです。コロナ禍で、冬でも窓を開けて換気している教室で、寒いのでひざかけをしたり、上着を羽織ったりするのは、生きるための「知恵」で

❷Society1.0が狩猟社会、2.0が農耕社会、3.0が工業社会、4.0が情報社会で、これからの時代は5.0「サイバー空間（仮想空間）とフィジカル空間（現実空間）を高度に融合させたシステムにより、経済発展と社会的課題の解決を両立する人間中心の社会」になると言われています。

森

❸多くの学校が、同様の理由で厳しい服装規定などを残し続けています。でも、私の学校ではそれらの規定を見直しました。服装点検なども全くしていませんが、学校は荒れていません。

すが、それを禁止するという話も聞きました。これでは暗に「君たちの力じゃ、社会は変わらないよ」と教えているようなものです。もっと子どもたちを信じたらいいのに。そして、校長も、自分のところの学校のスタッフを信じたらいいのにと、強く感じます。

竹原　その結果、「自分の力で国や社会を変えられる」と思っている高校生が、日本は❹他国に比べて著しく低い状況にあるんですよね。私は、地域だからこそ、リアルな体験や多様な人との出会いを通じて、子どもたちの自己肯定感を高めることができると思っています。実際に、❺「市ケ尾ユースプロジェクト」では、共通の課題意識からスタートし、まちの活性化や社会課題解決の活動をしましたが、そのプロセスでチームになり、当初大人しくて一言もしゃべらなかったような子が、次第に堂々と自分の考えを述べられるようになっていきました。「まちづくりは大人がするものだと思っていたけど、自分たちもできることを知って、わくわくする」という言葉もありました。そこではいかに大人がサポートしたらいいか考えつつ、先回りせずに待つことができるかが大事だと痛感しました。

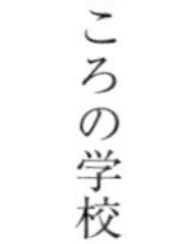
竹原

❹日本財団「18歳意識調査」第20回テーマ：「国や社会に対する意識」（9カ国調査）において、「自分で国や社会を変えられると思う」と答えた割合が日本は18.3％と、他国（39.6～83.4％）と比べて著しく低い状況が明らかとなっています。

❺私が代表理事を務めるNPO法人まちと学校のみらいと横浜市青葉区との協働事業で、中高生がまちづくりに取り組むプロジェクトです。2017年度から3年間実施しました。現在は青葉区全体に活動を広げています。

生重　そうした「場」さえあれば、子どもは変わることができるんですよね。

四柳　「市ケ尾ユースプロジェクト」のような活動が、生徒会活動を通じてできないものでしょうか。**生徒会活動は「自治活動」であるべき**だと私は考えています。校則一つとっても、生徒たちが自分たちで考え、定めたルールであれば守るんですよ。

森　生徒から校則について見直しの要望が出ても、教員がそれをきちんと受け止めず、議論の場に上げないなど、不誠実なことも耳にします。情けない話です。

谷口　私は「もう、校則はいらないでしょう」と話しています。「主体的・自律的に生きる子ども」を育てたいなら、規則で管理するのではなく、自分で考え判断させることが大事だと思います。そのため、本校ではスカートの丈や髪型をチェックするのをやめました。「何のため」を考えれば当たり前の措置で、チェック等に教員がエネルギーを使うより、しっかり考え判断できるようになるための活動にエネルギーを使うべきでしょう。

森　本校で、ツーブロックの髪型を「別に認めてもいいんじゃないか」と私が話したところ、一部の教員から「高校入試に影響すると聞いていますから」と言われました。でも、私が実際に、「ツーブロックの髪型で、受験が不利になることがありますか」と高校の校長に問い合わせたところ、「そんなことはない」とのことでした。当たり前です。襟足ともみあげが短いだけで合否判定に影響するなんて話、人権問題になるでしょう。そもそも今は少子化が進んでいますからね。髪型で受験生を取捨するような高校は、子どもたちに選んでもらえずにつぶれていくと思います。

生重　制服に関する規定をどうするか、私も四柳さんが言うように、中学生自身に考えさせればいいと思います。「そんなことをしたら、制服が廃止され、風紀が乱れる」と言う人もいますが、決してそんなことはありません。家庭の経済格差なども配慮しながら、どのような規定が最適なのか、子どもたちは本質的な部分まで踏み込んで考えると思います。

森　本校でも、上履きに関する規定を生徒たち自身に考えさせました。学校側からの条件は二つだけ、滑ったりして危険でないこと、そして靴底の色が床について汚れ、用務員さんの仕事を増やさないことです。生徒会での検討を経て、既定の見直しがなされました。以前は白色ベースが決まりでしたが、今は好きな色のシューズを履いています。小学校卒業時の靴をそのまま使用してもいいんです。実際にそれで何の問題も起きていません。

谷口　本校では生徒たちの携帯電話を学校で預かっていますが、生徒たち自身にどのようにすべきか考えさせたいと検討しています。「授業中にこっそり使わないか心配」と言う人もいますが、子どもたちはこれから先、一生涯にわたって携帯電話と付き合っていくわけです。ならば、自己責任で、自制心を働かせながら活用する力も養っていくべきでしょう。**大切なのは、ルールで縛ることではなく、子どもたち自身に考えさせること**だと私も思います。

「誰一人取り残さない」教育を目指す

藤原　近年は、「誰一人取り残さない」というキーワードに注目が集まっていますが、特別支援学校や学級と地域との関わりを含め、この言葉をどのように受け取っていますでしょうか。

谷口　現任校は、❻大谷智子裏方が創立し、創立以来ずっと仏教に基づく教育を行ってきました。大切にしているのは「摂取不捨《せっしゅふしゃ》」の精神、この世に生きるもの全てを見捨てず、救い上げることです。まさしく「誰一人取り残さない教育」であり、ＳＤＧｓが登場するはるか以前から、そうした教育活動を展開してきました。この精神は、単なる「思いやり」とか「やさしさ」にとどまらない、実社会を持続可能にするための知恵だと私は捉えています。

四柳　「誰一人取り残さない」という言葉は、意味をはき違えないようにする必要があると私は思います。先日、新聞のコラム欄にこんな話が載っていました。その人は子どもの頃、隣に障害のある子が座っていて、先生から「いろいろと助けてあげるように」と言われていたそうです。ところがある日、助けてあげようとしたら、「僕、一人でできるのに…」と言われたんです。それを聞いて、その人は必要なときだけ助けることにしたのですが、その様子を見た先生から「あなたには良心というもの

谷口

❻昭和天皇の妃である香淳皇后の妹君です。1939年に光華女子学園を創立し、仏教の精神に基づく女子教育の普及に尽力しました。

がないのか」と叱責されたというのです。「誰一人取り残さない」ことは大切ですが、そんなことを特別に意識せずとも、**互いに助けが必要なときには「助けて」と言えて、周囲の誰かが自然と手を差し伸べる。そんなことが当たり前の社会**になるといいなと思います。

生重　京都にある西総合特別支援学校が以前、生徒によるアート展を実施していました。地元の廃校となった校舎などを使って展示や販売をしているのですが、作品のクオリティが非常に高く、グッズも相応の価格で売られていました。それを見て再認識したのは、皆が同じことに取り組むのではなく、一人一人がやりたいこと、やって楽しいことに取り組むことが大事だということです。

森　それとは逆に、特別支援学級の生徒が作った物が、バザーなどで驚くほど安値で売られていることがありますよね。私はあれに強い違和感があって、適正価格で売るように指示したことがあります。**子どもたちには、「善意」ではなく、「労働に対する適切な対価」を受け取ってほしい**と思ったからです。「誰一人取り残さない」って美しい言葉ですが、実現するためには大人の「思い込み」と同調圧力を排していかなくてはなりません。

竹原　特別支援学校高等部の生徒が、普通科高校の生徒たちと交流活動をしていますが、普通科の生徒たちは当初、障害のある生徒たちと関わるのが不安でどうしたらいいかと悩んでいました。「最初は仲良くなるところから始めよう」ということで、「❼ボッチャ」というゲームをすることになったんです。ところが、実際にゲームを始めると、あっという間に打ち解けて、技術的にも支援学校の生徒の方が上手で、普通科高校の生徒にアドバイスを送ったり、ハイタッチして励ましたりしていました。

生重　「誰一人取り残さない」社会をつくるためには、さまざまな個性・特性を持った人たちが、社会の中に「溶け込んでいく」必要があります。誰かの恩恵を受けて生きるのではなく、個性や特性を生かしながら自立する。そんな社会を作っていくためにも、他者との「違い」を認め合うことが大事で、その意味でもそうした交流活動の意義は大きいですよね。**実際に溶け込めば、支えようとした側が支えられることもある**んだと気付きます。

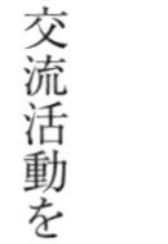
竹原

❼目標とする白色のボールに、赤色・青色のボールを投げたり転がしたりして、近づけるゲームです。パラリンピックの正式種目になっており、近年、その人気が高まっています。

▶防災訓練でのバケツリレー

四柳　「交流しましょう」「共生社会をつくりましょう」と、誰かが声高に叫ばなくても、自然に交わるような場が、日頃からあるといいなと思います。先日、普通学級と支援学級の子が参加する防災訓練があり、チーム対抗のバケツリレーをしたのですが、ちょっとした役割分担の工夫で、スムーズに運べたチームがありました。そうしたことも、日頃からの交流を通じて、互いの特性を理解・把握していれば、スムーズにできるんだと思います。

子どもを「信じる」社会総がかりの教育

四柳　今、中学校の特別支援学級で、ちょっと面白いことをやっています。校庭にかりんの木があって、毎年実がなるんですね。でも、そのまま地面に落ちて土に返るだけでした。そこで先生が、「これを使って何かできないかな？」と、支援学級の子たちに問い掛けたんです。そこから「調べ学習」が始まり、「かりんジャム」というものがあることを知り、それを作ることになりました。実際に、秋に収穫をして、地域の専門家

▶子どもたちが作った「かりんジャム」。ラベルのイラスト、キャッチコピーも生徒が話し合いながら決めたもの。

の支援などを受けながら、最終的に１４０グラムのビン詰め80個が完成しました。実際に販売も行い、❽その会計も子どもたちが担いました。

生重　そうして学校や子どもたちが上げた収益は、誰かが預かってあげる必要がありますよね。その際は、**学校を支援するＮＰＯ法人を設立するほかに、同窓会とＰＴＡで株式会社や一般社団法人を設立する**という方法もあります。そうすれば、収益を次年度のビジネスに投資したり、人を雇ったりすることもできます。特に高校は、いろいろなビジネスを展開できる可能性がありますからね。実際にそうしたアドバイスを関係者にしているところです。

四柳　その方が、子どもたちも本気になりますよね。

竹原　昨日、６歳と９歳の子どもたちと❾人生ゲームをやったのですが、株券や約束手形、保険証券なども登場して、かなり高度なんですよね。今の子どもたちはそうしたゲームに興じているわけで、物を作って売るなんてごく初歩的なことだと思います。

生重　**子どもがお金の運用について学ぶことは大切**ですよね。私の知人の社長さんは、子どもたちにビジネス企画のプレゼンをさせて、「自分のた

四柳

❽学校では現金を取り扱えないので、収益などの現金は、サポートネットがお預かりしています。

竹原

❾１９６８年にタカラトミーから発売されたボードゲームです。現在は７代目が発売されています。

め」「家族のため」「他者のため」になっていれば出資するという取り組みをされています。

藤原　そうした「わくわく感」のある取り組みが、もっと共有されるといいのでしょうね。

竹原　生徒たちが「市ケ尾ユースプロジェクト」の発表を山口県のフォーラムでした時、引率の高校の先生が「ここまでできるんだ」と驚いていました。こうした機会がもっとたくさんあれば、先生方の考え方も変わってくるんじゃないでしょうか。

森　そうですね。でも、私が「こんな実践をしました」とSNS等に投稿すると、「うちの学校でもやりたいけど、管理職や教育委員会が認めてくれない」などと声が寄せられることもあります。

竹原　職員室の中に、同調圧力みたいなものがあるのかもしれません。

谷口　確かにあると思います。特にトップダウン型の校長の場合は、同調圧力が強く働いて、物を言えなくなります。私学の場合は、公立より校長に強い権限があると感じています。だからこそ何でも話しやすい雰囲気を大事にしていかなくてはならないと考えています。

生重　谷口先生や森先生のような校長先生ならいいのですが、セミナー等でいたく感銘を受けて新しいことに挑戦しようと考えた先生が、自分の学校に戻った途端、何も言えなくなるなんて話も聞きます。

私たちはこれからも歩み続ける ―今後取り組んでいきたいこと―

藤原　長い座談会の最後に、これから皆さんが取り組んでいきたいことについて教えてください。

谷口　私が校長を務める学園は、２０２２年4月から中学はコース制をなくすとともに高校のコースを大幅に改変するなど、学校の形が大きく変わります。普通科には「医療貢献コース」と「未来創造コース」が置かれ、専門学科として「国際挑戦科」が置かれます。改革の主たる目的は、**多様な学びの中で、子どもたちが自律的に「自分の未来」を創造していくことです。**その実現のためにも、これまで以上に、社会とつながる学校にしていきたいと考えています。

生重　私は、**廃校になった校舎を丸ごと、地域の人々が集う場にしたいとい**

う構想を持っています。例えば、地域には子どもが独立して家事の機会が減り、手を持て余している人がいます。そうした人たちが、校舎内にレストランやカフェを開き、地域の人たちに料理を振る舞ったりするわけです。あるいは、地元の若者がセミナーを開いたり事業を企画したりするインキュベーションスペースを設けてもよいと思います。体育館をライブ配信スタジオにして、テレビ局とコラボなんていうのも面白いでしょう。

実を言うと以前、そんなアイデアを区に提案したことがあるのですが、さすがに学校の「一棟貸し」はしてもらえませんでした（笑）。

竹原　私は、これまで取り組んできた**「場づくり」に今後も継続して取り組み、全国に広げていきたい**と考えています。これまでは、学校に最も近いところにあるコミュニティハウスで、学校と地域の連携・協働を推進してきました。これからは、昨年スタートした⑩青葉区青少年の地域活動拠点・あおばコミュニティ・テラスという「場」を活かし、まちづくりや福祉の視点も持ち、学校と地域をつなぎ、多様な人々の交流と学びの場にしていきたいと考えています。

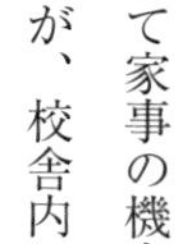
竹原

⑩この名称は、地域の高校生が提案してくれたものです。名称に「コミュニティ」を入れた理由について、その生徒は「本質を問いました」と話していました。

四柳　学校から見た地域、学校を取り巻く地域だけを見ていても、地域社会の本質的な部分は見えてきません。地域はもっと自由で、いろんなことができる場です。そうしたことを学校に関わる大人が知り、頭を柔らかくしないといけません。そのために、**今後は子どもたちを介した大人の学び場をつくっていきたい**と考えています。

谷口　教員も、学び続けることが大事だと思います。現任校では、フィンランドの学校との交流も盛んですが、現地の校長と話をすると、「全ての教員が学び続けなければダメだ」という考えが根底にあり、感心します。夏休み2カ月間は、丸々休みで教員は一切学校へ来ませんが、その間に自らをアップデートできない教員は淘汰されます。管理職も例外ではなく、現職の校長が学校へ通ったりすることも珍しくありません。

藤原　個人的には、**夏休みを2カ月くらい確保して、先生がじっくりと研修に励めるような仕組み**も必要だと考えています。昨今は、教員志望者の減少、教員不足も大きな課題となっていますが、それを解消するための方策でもあると思います。

四柳　子どもの学習支援等に関わる中で、子ども本人よりむしろ、家庭への支援が必要だと感じることがあります。そのため、みたかSCサポートネットでは入学前の幼稚園や保育園に出向き、学校がどういう所かを伝える取り組みなども始めました。やはり保護者が笑顔でいられないと、子どもも笑顔でいられないので、**今後は家庭を支える取り組みにも力を注いでいきたい**と考えています。

森　ジョンレノンの「パワー・トゥ・ザ・ピープル」という歌がありますが、私は**若い人たちにパワーを与えるような仕掛け、「私たちが社会を変えられるんだ」という実感を得られるような仕掛けをつくっていきたい**と考えています。いつも言っていることですが、学校って夢とか希望とかキラキラした言葉を使うのが好きなわりに、子どもたちの意欲を平気でつぶすようなことをしている。学校が社会の縮図であるならば、チャレンジもリトライもできる仕掛けがなくちゃいけません。

四柳　「仕掛け」って大事ですよね。

竹原　大人が先回りをしないことですよね。じっと待たなきゃダメなときもあります。

生重　自分たちがつくったステージに、子どもを乗せないことですね。

森　今、具体的に進めていることの一つが、学校図書館の地域開放です。小樽市には、公民館がありません。集会室などを貸す生涯学習プラザはありますが、人々が集い、交流するような機能が少ないのです。そのため、**学校の図書館を市民図書館の分館として位置付け、人々のたまり場にしよう**というわけです。管理を外部団体等に委託すれば、教員の手を煩わすことなく、夜間も開館できます。本校の生徒のアイデアを生かし、広いテーブルやフリーＷｉ－Ｆｉなどを設置し、入り口もあえて校門とは別に用意したい。そうして、彼らが高校生や大学生、大人になっても、気軽に来てくれるようになるといいなと思っています。

竹原　そのコンセプトは、東山田中学校コミュニティハウスと同じですね。たとえ用事がなくてもぶらりと立ち寄ってもらえる、そんな場づくりを目指しました。

　また、あおばコミュニティ・テラスにも、大きなテーブルやフリーＷｉ－Ｆｉがあります。ＧＩＧＡスクール構想で１人１台の端末が配備されましたが、自宅に十分なネット環境が整っていない子も、ここに来れば心置きなく、宿題をしたりリモート授業を受けたりすることができ

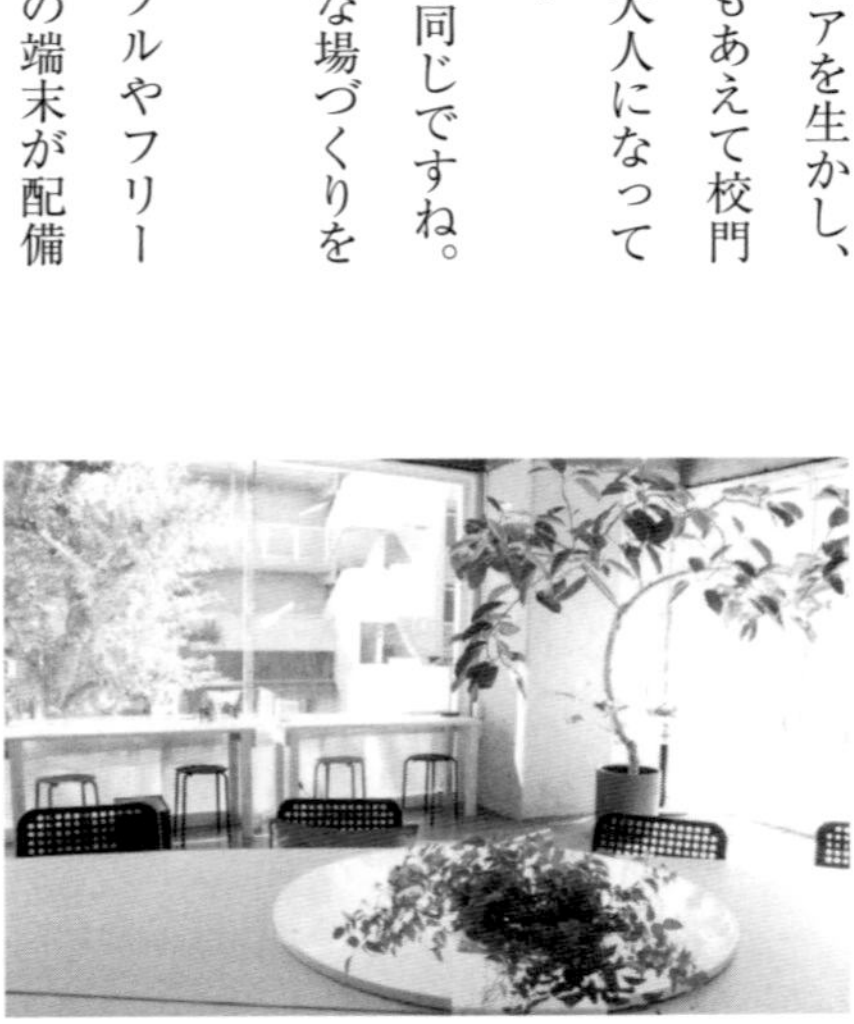

▶横浜市青葉区にある青少年の地域活動拠点・あおばコミュニティ・テラス

ます。

昨年春の休校期間中、「市ケ尾ユースプロジェクト」に参加していた高校生に話を聞くと、「学校からは課題の印刷物がドカンと配達されるだけ」「勉強が分からない」「昼夜が逆転している」など、多くの悩みを聞きました。そこで、私たちは週1回、Ｚｏｏｍでのミーティングを開くことにしました。リモートで顔が見え、初めてブレイクアウトルームで語り合い、コロナ禍でもつながりを保ち、徐々にリアルな活動も始めることができました。**先の見えない不安な時期、子どもにとっても大人にとっても「第三の居場所」が地域にあって良かったと思いました。**

森　「第三の居場所」は、社会とのつながりをつくる上でも必要です。それは学校教員にも言えることなんですよね。以前、本校の教員にアンケートを取ったところ、スポーツや趣味、学びの場などのサードプレイスがある人は、全体の6割程度にとどまっていました。残りの4割は、学校と家だけを往復していて、何ら社会とつながっていなかったわけです。そんな状況で、子どもたちに「社会とつながれ」と言っても説得力がありません。

生重　コロナ禍で、どこにいても日本中はもちろん、世界中の人たちとつながれることも分かりました。**世界は広いし社会は広い。そのことを高校生や中学生も感じて、社会へと漕ぎ出していってほしい**ですね。今、そのための支援を各地で始めていますが、これをさらに広げていきたいなと思っています。

また、今後も「諦めない」、でも「無理強いはしない」をモットーに活動していきます。小さなことを積み重ねることで、1ミリでも、2ミリでも動かしていきたい。

四柳　トンネル工事をトンカチとノミでやるような感じですね。決してダイナマイトは使わない。

生重　そう。たまに発破はかけますがね（笑）。

藤原　この座談会では、学校と社会をつなぐ「チェンジメーカー」である5人の皆さんの「奮闘」とこれからの「覚悟」をお聞きすることができました。司会者としてお話を聞きながら、学校と社会をつなぐ「チェンジメーカー」の皆さんが、子どもたちと地域の幸せな未来を目指す「熱い気持ち」を土台として、目的（目標）を共有し、実現するという「目的思考」を重視されていることが分かったことは収穫の一つでした。座談会の中では、何度も、「何のためにやるのか」という「目的（目標）」の共有が大切であるということ、また、大上段に構えず、小さな「成功体験」を重ねることの意義が語られています。「熱い気持ち」を持った当事者が、小さな目的（目標）を共有するプロセスを大切にし、スモールステップで進んでいくこと、それこそが「地域とともにある学校」「学校を核とした地域づくり」の王道であることを理解することができました。こうしたステップがうまく進むように工夫する「仕掛け人」、それが学校と社会をつなぐ「達人」なのだということも理解することができました。

長い長い座談会になりましたが、これで終わりとさせていただきます。皆さんがこれからも、学校と社会をつなげるために、「立ち止まらず」「空気を読まず」「諦めず」、まい進されることを祈っています。ありがとうございました。

エピローグ

これからも共にしなやかに切り拓いていく

最後まで読んでくださり、ありがとうございました。この本の出発点は、新型コロナウイルスが蔓延する前に開催していた「日本一○○な女子会」という奇妙な女子会です。彼女たちのトークには、学校や地域というしがらみに満ちた「場」において、人を巻き込み、人を動かす身体的な「ワザ」が散りばめられていました。筆者は、この女子会で語られるトークを独占してはならないと思ったのです。

そこで、既知の学事出版の花岡萬之社長に出版の可能性について相談しました。また、仮に出版が実現する際には、その編集を『インクルーシブ教育を通常学級で実践するってどういうこと？』（学事出版、2019）を編集した学事出版の加藤愛さんに担当していただきたい旨をお伝えしました。同書からは編集者の本づくりにかける思いが強く感じられ、このような仕事をする編集者と仕事をしてみたいと思ったからです。結果として、出版に加え、担当編集者についての希望も叶えていただくこととなりました。さらに、編集の終盤では、株式会社コンテクストの佐藤明彦さんにもお力添えいただきました。2年以上にわたりお付き合いいただいた出版社の皆さんに、心より感謝申し上げます。

さて、ここまで、読み進めてくださった読者の皆さんは、5人の女性たちにどのようなイメージを抱かれたでしょうか。もちろん、一人一人考え方も雰囲気も違いますが、子供たちのこと、そして、社会のことを真剣に考えているからこそ、多くの課題にぶつかっているという点では共通しています。しかし、5人の女性たちから悲壮感は全く感じられません。好きなことをしているから「恨みごとを言わない」「メソメソしない」のです。新型コロナウイルス感染症拡大という状況下で叶いませんでしたが、5人の女性たちは、本の表紙を、彼女たちが深紅のドレスを着て颯爽と歩く姿を撮った写真にしてほしいという要望を語っていました。まだまだ、「これからも共にしなやかに切り拓いていく」という覚悟を示したかったのでしょう。

筆者自身は、本書を手に取ってみて、学校と地域を変革することの意義とともにその難しさを改めて実感しました。しかし、本書には多くの人が力を合わせて前に進むヒントも多く描かれているように感じました。学校と社会をつなぐ取り組みを進めておられる方、進めようとされている方なら、たくさんのヒントを探り当てられることと思います。本書を通じ、5人の女性たちの「ワクワク感」を感じ取っていただき、共に「学校と社会をいかにつなぐか」という実践に加わっていただけるきっかけになればと願っています。

２０２１年７月

藤原 文雄

著者紹介

著者・司会

藤原 文雄（ふじわら・ふみお）

国立教育政策研究所初等中等教育研究部長

東京大学大学院教育学研究科博士課程単位取得退学。民間企業勤務を経た後、1999年からの静岡大学教育学部勤務を経て、2010年から国立教育政策研究所総括研究官。2017年から初等中等教育研究部副部長、2020年より現職。専門は教育経営学、教育行政学。主な研究課題は教職員等指導体制、教職員人材育成。近年の著書は、『「学校における働き方改革」の先進事例と改革モデルの提案』（2019年）、『世界の学校と教職員の働き方—米・英・仏・独・中・韓との比較から考える日本の教職員の働き方改革—』（2018年）、『スクールビジネスリーダーシップ』（2020年）など（いずれも学事出版）。

著者（50音順）

生重 幸恵（いくしげ・ゆきえ）

特定非営利活動法人スクール・アドバイス・ネットワーク理事長

内閣府地域活性化伝導師、杉並区立天沼中学校・天沼小学校運営協議会委員。PTA会長時代から、学校を支援する活動を積極的に行い、その経験により区内他校PTA会長経験者とともに、2002年に法人を設立し代表に就任。全国の教育委員会・PTA等主催研修会で講師を務め、また、運営への助言を求められるなどの経験豊富。文部科学省中央教育審議会委員も４期にわたり務めた。さらに、企業の教育支援活動の推進にも助力し、社員研修やフォーラム等を実施。企業の持つノウハウを学校授業につなげるためのプログラム開発を手がける。全国規模での関係者ネットワークを有している。

竹原 和泉（たけはら・いずみ）

特定非営利活動法人まちと学校のみらい代表理事

大学で初等教育・社会教育を専攻。フランス・米国・日本で３人の子を育て、ボランティア活動PTA活動を行う。その後横浜市都筑区社会教育指導員・教育委員会生涯学習推進嘱託員を経て東山田中学校コミュニティハウス館長を11年間務め、地域と学校を結ぶ「場」を運営。2005年より東山田中学校区・神奈川県立高校・特別支援学校等で学校運営協議会委員。中央教育審議会臨時委員、コミュニティ・スクールの在り方等に関する検討会議委員等を歴任。国立大学法人東京学芸大学理事（連携・特命事項担当）。文部科学省CSマイスター。共著に『アメリカの学校と地域を結ぶ学校ハンドブック エッジモント学区ブルーブック全訳』（2003年・T-GAL）。

谷口 史子（たにぐち・ふみこ）

元光華小学校・京都光華中学校校長

1985年４月より宮崎県公立中学校教諭として勤務。教育委員会等の勤務を経て2010年４月から宮崎県延岡市立の中学校及び小中一貫校で４校９年間校長を務める。この校長時代に「地域とともにある学校づくり」を各校区の実態に応じて進めた。2019年度より京都の私学である光華小学校、京都光華中学校の校長として勤務。学校改革を進めるために「チェンジ モア 光華」をスローガンに掲げ、2022年４月に新たな学校をスタートさせる準備に現在は取り組んでいる。教諭時代より、教育関係者に限らない幅広い人間関係づくりを大事にしつつ、兵庫教育大学教職大学院の政策リーダーコース１期生として２年間学ぶ中で、多様な人たちとネットワークを構築。

森 万喜子（もり・まきこ）

元北海道小樽市立朝里中学校校長

1985年に北海道教育大学特別教科教員養成課程（美術）卒業後、千葉県千葉市立中学校に勤務。その後、1991年より北海道小樽市立中学校に勤務し、学校図書館司書教諭として、学びを支える学校図書館運営、読書指導等を行う。2009年より北海道小樽市中学校教頭、2016年より小樽市立望洋台中学校校長、2018年より小樽市立朝里中学校校長（現任）。2018～2021年兵庫教育大学教育実践高度化専攻教育政策リーダーコース修了。現在は学校経営、学校改善等について、執筆や講演も行っている。

四柳 千夏子（よつやなぎ・ちかこ）

ひとまちみらい研究所代表
三鷹市統括スクール・コミュニティ推進員

三鷹市内小・中学校のPTA会長、放課後の居場所づくり活動（三鷹市地域子どもクラブ）や青少年健全育成活動など、一貫して学校や子どもたちと関わり続ける。2009年４月、三鷹中央学園コミュニティ・スクール委員（学校運営協議会委員）となり、2011年から2013年まで同委員会会長を務める。2013年度からは、文部科学省CSマイスターとして活動。2011年、PTA時代の仲間と、学校教育を中心に子どもたちをサポートする団体・みたかSCサポートネットを設立、2017年に法人化して代表理事となる。2019年度より三鷹市教育委員会統括スクール・コミュニティ推進員として、コミュニティ・スクールを発展させたスクール・コミュニティの推進に寄与している。

学校と社会をつなぐ！

これからの人づくり・学校づくり・地域づくり

2021年10月8日　第1版第1刷発行
2023年10月6日　　　　第2刷発行

●著　者 ――― 藤原 文雄・生重 幸恵・竹原 和泉
　　　　　　　谷口 史子・森 万喜子・四柳 千夏子

●発行人 ――― 安部 英行
●発行所 ――― 学事出版株式会社
〒101-0051　東京都千代田区神田神保町1-2-5
☎03-3518-9655
HPアドレス　https://www.gakuji.co.jp

●編集担当 ――― 加藤　愛
●編集協力 ――― 株式会社コンテクスト、吉原秀則
●デザイン ――― 細川 理恵
●印刷・製本 ――― 精文堂印刷株式会社

ISBN 978-4-7619-2749-3　C3037　Printed in Japan